お役所仕事が最強の仕事術である

秋田将人

星海社

217

SEIKAISHA SHINSHO

はじめに

減点主義社会のお役所だからこそ生まれた「最強の守りの仕事術」に学ぶ

「公務員から学ぶことなんてあるの？」

一般のビジネスパーソンであれば、多くの人がそう思うのではないでしょうか。確かに、その気持ちはよくわかります。役所の窓口で何かの手続きを行っても、「サービスが良かった」という印象を持つ人は少数でしょう。また、役所の職員からの説明を聞いても、わかったような、わからないような感覚を覚えた方もいるかもしれません。

さらに、公務員がテレビなどで放映されるのは、だいたい何かしらの不祥事があったときです。そこでは、マスコミからの厳しい質問や追及にしどろもどろになりながら答えている姿が映し出されています。このため、こんな公務員から学ぶことなんてあるのか、と感想を持ってしまうのも、当然のことだと思います。

しかし、公務員は特殊な技術を身につけてきた人たちとも言えるのです。皆さんもご存じのとおり、公務員はバッシングの対象になりやすい存在です。ゴミ、学校、保育園、保健所など生活に密接した内容であれば、住民は市区町村の役所に行かざるを得ず、そこでは日々多くのトラブルが発生しています。また、そうした声を票に変え、生計を立てている地方議会の議員にとっては、役所に物申すことが仕事です。このため、本会議や委員会などの公式な場面だけでなく、常日頃から公務員に様々な注文をつけます。さらに、マスコミも役所の非効率性や融通のなさを報道して、世論をたきつけます。

このように四方八方から仕事ぶりを注視される公務員が、そうしたトラブルやクレームを何とか乗り越えて生き残っていくためには、話し方、交渉術、反論術など様々な技術を駆使していかなければなりません。

多方面と折衝する必要があり、そのうえ公正を求められる立場は役所特有のものでしょう。そのため、公務員には一般のビジネスパーソン以上に、強く求められる技術がありま す。それは、トラブルを円満に解決する、あるいはそもそもトラブルを未然に防止する技術です。批判の隙を作らない守りの観点からすれば、お役所仕事は最強の仕事術と言えると思うのです。

これは、一般のビジネスパーソンのものとは少し異なる、公務員特有のものです。住民から苦情を言われてもどうにか納得してもらう、議員から政策を提案されても上手くかわす、などができないと、公務員として勤めていけないからです。このため、こうした技術を身につけ、経験とともにその技を磨いていくわけです。それが公務員としてのサバイバル術なのです。

この技術をビジネス社会でも応用できると思い、一冊にまとめたのが本書です。例えば、公務員の揚げ足取りされない言葉の使い方は、事あるごとにミスを指摘してくる、口うるさい上司に辟易している人にとって役立つかもしれません。モンスタークレーマーに対応する技術は、お客様からの苦情に困っている方の参考になるかもしれません。町会長から無理やり動員されて住民説明会に参加している住民に対して、何とか役所の話を聞いてもらう経験は、興味のない見込み客にいかに関心を持ってもらうかという場面に活用できるかもしれません。

このように、公務員の特殊な技術が何かしらのお役に立つのではと考えたのが、この本の原点です。間違っても、「公務員はエラい！」などとは、露ほどにも思っていませんので、その点はご理解ください。

さて、本書ではそれぞれの実践的な技術について紹介しますが、その前提として、どうして公務員がこのような技術を持つようになったのかという背景について触れさせてください。公務員という人種の特徴と言っても良いかもしれません。こうした背景を知っていた方が、本書をお読みになる際にもきっと役立ち、イメージしやすいと思うのです。

まず、公務員が求めるのは安定です。考えてみれば当たり前のことですが、公務員という職業を選ぶこと自体がそれを証明しています。景気に左右されず給料をもらえる、途中でクビになる心配がなく定年まで勤められる、結婚しても退職する必要がない、福利厚生が充実している、残業が少ないなどは、公務員の特権でしょう。

これは公務員というポストや地位に限らず、日々の業務にもつながります。公務員という職業を選ぶ人たちなので、基本的には「住民のために働きたい」という真面目な性格の人が多いのですが、「これまでにやったことのない、大胆な事業を提案する」、「他の人を押しのけてまで、出世しようとする」という人は稀です（いないことはありませんが、だいたいは周りの職員によってツブされます）。その結果、職場はぬるま湯となってしまい、積極的に新しいことにチャレンジしていこうという雰囲気は生まれにくくなります。

しかし、この安定を脅かすものに対しては、人一倍に敏感です。例えば、窓口で住民に

「あなたの言うとおりに書類を揃えて持ってきたのに、今になって申請できないとは何事だ。間違った説明をしたのか！」などと責められ、個人の責任を追及されそうな事態になったら、様々な手を駆使して反論します。自分の安定が脅かされるからです。こうしたミスを追及されることを公務員は極度に嫌がりますので、とにかく「ミスを起こさない」、「間違いをしない」ことに意識が向きがちとなり、そのための文章術、反論術が磨かれていくのです。

また、公務員は公平・公正を重視します。当然のことですが、公務員は全体の利益のための奉仕者なので、一部の住民を優遇したり、地域によってサービスが異なったりすることをできるだけ避けようとします。もし、そのようなことがあれば、「なぜあの人は良くて、自分はダメなのか！」と文句が出てしまうからです。

このため、公務員にとってはバランス感覚が極めて重要になってきます。例えば、複数の議員（首長と同様に選挙で選ばれる、首長のお目付役です）に同じ内容を説明するにしても、「誰に」、「どの順番で」、「どのように説明するか」が大事です。同じ情報提供でも、間違ってまだ経験の少ない新人議員に先に行ってしまい、ベテラン議員が後になってしまうと、「なぜ、俺が後なのか！」と言われてしまうからです。

たいした内容でなくても、ベテラン議員がへそを曲げただけで、物事が進まなくなってしまいます。これでは、上司から「仕事のできない奴」と烙印《らくいん》を押されてしまいます。このため、できるだけ文句が出ず、多方面に目を配るバランス感覚のとれた話し方、交渉術が蓄積されていくわけです。

「だから、公務員はダメなんだ……」と感じる方も多いかもしれません。でも、もう少しだけ先に視線を向けていただければ、皆さんの環境でも何かしら応用できるものを見つけていただけるかと思います。長年、いろいろなトラブルなどを乗り越えながらも、生き続ける公務員の社会を垣間見ていただき、何かしらの参考になれば幸いです。

本書を読み終えた後、「本代は無駄ではなかった」と感じていただけることを心から願っています。

目次

第2章　表現1つで、天国にも地獄にもなる公務員の「文章術」　59

第3章 何とか自分の意向を通したい公務員の「交渉術」 109

第4章　モンスタークレーマーにも負けない公務員の「反論術」

令和　　年　　月　　日

第１章

受付事務所

間違えない、揚げ足を取られない公務員の「話し方」

言葉の「表の意味」と「裏の意味」を明確にする

住民に最も身近な行政である市区町村には、日々、様々な要望や苦情が持ち込まれます。国や都道府県などとは異なり、こうした基礎自治体は、住民生活に直結した業務を取り扱っていますので、当然のことです。

例えば、ある市の図書館には住民が読みたい本をリクエストできる予約カードがあります。この予約カードは、縦7センチ・横12センチの小さなペラペラの紙で、そこに書名・筆者名・出版社名・出版年月・自分の名前と番号など、多くの内容を書き込まなければなりません。

その中で、なぜか書名を書く欄のスペースが小さく、長いタイトルが多い最近の傾向には合っていないのです。このため、ある住民が「この書名を書くスペースを、もう少し広げたらどうか」と図書館の職員に話したところ、その職員は「ご意見、ありがとうございます」と言いました。

その後、数か月が経過したものの、一向に改まりません。そこで、また住民は、同じ職員にその後の経過を尋《たず》ねたところ、「まだ検討中です」と答えたのです。住民であれば、「そんな簡単なことを、なぜすぐにできないのか」と考えてしまうでしょう。

しかし、公務員の立場から考えると、この「検討する」の本当の意味は「変更するつもりはない」ということなのです。つまり、「検討する」は確かに文字通りの検討なのですが、本当は「変更するつもりはない」を意味しているのです。

ちなみに、変更できない理由としては、市内の全図書館に影響するために全館の了承を得なければならない、予約カードの在庫が大量にあってすぐに廃棄するわけにはいかない、ベテラン職員が現在の予約カードにこだわりがあって了承しない、などが考えられます。

しかし、住民に直接「変更するつもりはありません」と言ってしまうと、その理由を説明しなければなりません。また、永久に変更しないとは限らないので、検討中なのは間違いではないわけです。このため、住民に対して嘘をついているわけでもありません。つまり、表面的にはいつまでも結論を出さずに、ずっと検討し続けるということになります。

このように、言葉の使い方に公務員は極めて敏感です。それは、条例などの法令や住民向けの文書などに対して、間違えないようにと、人一倍気をつかっていることからもわかるかと思います。

公務員の言葉の使い方の特徴の1つが、この言葉の「表の意味」と「裏の意味」を明確にすることなのです。先の検討であれば、「検討する」の表の意味は文字通りの意味、裏の意味は「変更するつもりはありません」となるわけです。つまり、住民からの「なぜ、すぐにやらないのか」という突っ込みに対する防御となる一方、役所内では裏の意味を共有しておくわけです。

例えば、上司から「頼んでいた資料はできたのか？」と催促された場合、本当は自分の怠慢でやっていなくても、「まだ解決できていない課題が残っていて、まとめられないのです」のように話します。この未解決の課題とは、上司は「まだ資料にまとめられない内容」と思うでしょうが、本人からすれば「書く時間がないこと」なわけです。守りのフレーズとして機能するわけです。

なお、このような「表の意味」と「裏の意味」を十分に機能させるためには、どのような言葉を選ぶのかも非常に重要です。先の例で言えば、「検討する」は、住民に対して間違ったことを言っているわけではありません。検討する期間を明示したのなら別ですが、そうでなければいつでも検討しているという、ある種の言い訳ができるからです。

「鋭意努力する」、「善処します」など、よくお役所言葉と揶揄されますが、これらはある意味では正確さを追い求めた結果、たどり着いた言葉なのです。わかりやすさを追求しすぎて、かえって墓穴を掘るような事態を避けるためには、どうしても言葉の選択には慎重にならざるを得ないわけです。だから、役所の文書や公務員の話はわかりにくいと言われる所以なのですが……。

ちなみに、言葉を使うタイミングも重要です。先の例では、職員は最初に「ご意見、ありがとうございます」と言っただけで、「やる」とも「やらない」とも言っていません。そして、催促があった際に、「まだ検討中です」と答えたわけです。最初から「検討します」と答えていたら、「すぐに検討して、結論を出す」と考えるのが一般的です。催促されて「まだ検討中です」と答えることで、結果的に時間を稼げたわけです。

以上、「いつ、何を言うのか」は重要です。もちろん「尋ねられなければ答えなくても良い」ということではありません。相手の無理な要求に応えられないことに耐えかねて、まだ確認していない情報を話したり、できもしないことをさもできるかのように話したりしては、後で厳しい状況に陥ってしまうでしょう。このように、公務員は石橋を叩いて渡るような言葉の使い方をすることで、失敗を防いでいるわけです。

あらゆる利害関係者と調整しながら、話す内容の精度を高めていく

市区町村は、本当に幅広い業務を取り扱っています。出生届から死亡届までの人の一生に関わるもの以外にも、乳幼児健診、保育園や公立小中学校の決定、創業支援、福祉《ふくし》施設への入所などがあります。また、年齢を問わず利用する公園や河川などの土木関係、まちの再開発など、本当に様々です。庁内の案内掲示板を見れば、あらゆる部署が住民の生活に関係していることがわかるはずです。そして、自治体には多くの関係者が存在することになります。

そんな自治体が、新たに事業を始めることがあります。もちろん、国から指示されて全国一律で実施する事業もありますが、その自治体独自で行うものも当然あります。そのような時、自治体は4つの視点でその内容をチェックします。

第一には、住民視点です。これは、公平性が担保されているかということです。新規事業が過剰なサービスになっていないか、特定の人・関係者を優遇するようなことはないか、

を確認します。例えば、既に類似の事業を行っていて、屋上屋を架すような内容であれば、税金の無駄遣いになってしまいます。また、特定の世代や関係団体だけに有利な事業を行うことは基本的にできません（障害者などの社会的弱者への支援などは、もちろん別です）。

第二に、首長視点です。これは、首長の政治信念に反するような内容ではないかといったことと、役所全体から見ておかしくないかという2つの面があります。首長の政策に反対する、野党の意見を反映した事業を企画しては、当然怒鳴られてしまいます。また、役所全体の組織で考えた場合、防災、福祉、土木などの各行政分野に偏りなくサービスが行われているかを検証します。

第三に、議員視点です。これは、簡単に言えば、地域的偏在がないかということです。議員は市内にそれぞれ地盤を持ちますので、議員視点では地域的偏在が生じていないかを確認するわけです。例えば、市内がA、B、Cの3つの地域に分けられると仮定します。仮に、A地区だけが公共施設が充実していて、他の2地区が見劣りしていては、B・C地区の議員が黙っていないわけです。このため、特定の地域だけを優遇しているようなことはないかを確認するのです。

第四に、職員視点です。これまで述べた住民・首長・議員の3つの視点で問題なかったとしても、実際にその業務を行う職員に過重な負担を強いることになっては、無理が生じてしまいます。例えば、事業実施のために長時間の残業が必要になる、極めて危険な業務で職員のメンタルヘルス上の問題が出てしまうなどは、適切な事業とは言えません。

このように、1つの事業を実施するにあたっても、多方面に配慮が必要となります。時間をかけて多方面を調整して、ようやく事業が開始されることになるのです。民間企業のようにスピーディーに事業内容を決定して、もし失敗したらすぐに事業撤退ということはできません。自治体は多方面に調整を行うので、一度新たな事業を始めたら、成果が芳しくなくても、なかなか止められないのです。

では、実際にどのように調整する範囲を決めるか、また、その基準について触れてみたいと思います。例えば、障害者向けのサービスを新たに実施したいと考えたとします。この場合、まずは障害者団体の意向を確認します。ある団体の代表者に「このようなサービスを考えているんですが、どう思います?」と打診してみるのです。

これは、日々障害者に接している団体代表者などの方が、より障害者のニーズを把握しているからです。自治体職員がサービスを思い付いても、実際に役立つのかは、やはり現場に近い人の方が良いわけです。そして、そこで感触が悪くなければ他の団体にも確認するなどして検証し、修正点があれば、それを反映していきます。これは、住民視点での検証と言えるかと思います。

団体への確認の後は、正式に予算要求を行います。これは、正に自治体の財政部門が全庁的視点からチェックを行っていくわけです。事業を立案した担当部局だけでなく、他のサービスとの整合性など、首長視点からチェックしていくわけです。ここでも、「もう少し予算額を圧縮できないか」などのリクエストがあれば調整を行っていくことになります。

ここで予算化がされれば、正式な予算案として議会に提案されます。そして、予算委員会などで、議員から様々な質問を受けるわけです。そうした中で、サービス提供の方法などに対する要望があれば、実際のサービス提供にあたってはそれを反映することもあります。このように、多方面の調整をしながら、サービスの精度を高めていくわけです。

イメージで言えば、最初はごつごつした大きな岩が、あっちで叩かれ、こっちで削られていくうちに、だんだんと丸くなって、程よい大きさの石に仕上がっていくような感じです。こうして、手ごろなサイズになった丸い石は、多くの関係者が納得できる内容に仕上がった証拠なのです。

徹底的に相手の立場・属性・知識を分析してから話す

自治体が事業を行うとき、自治体だけで決定して独自に行うことは稀です。新規事業の開始、事業内容や施設の利用方法の変更はもちろん、事業や施設を廃止する場合にも、様々な関係者に周知し、理解を求めることが必要になります。その関係者（利害関係人といっても良いかもしれません）も、住民、議員、都道府県や国などの他の行政機関、町内会、NPO・ボランティア団体、民間企業など、本当に様々です。その中でも、やはり住民と議員への説明の機会は非常に多く、ここで理解を得られないとなかなか先へ進みません。

特に、議員への話し方には注意が必要です。議会は条例などの議決権を持っていますので、いくら自治体が事業をやりたいと思っていても、否決されてしまえば実施することはできません。このため、公務員も非常に気を遣うわけです。

例えば、ある地区の幼稚園の入園者が毎年減り続けていることから、その幼稚園を廃止したいと考えたとします。その場合、いろいろな手続きがありますが、その地区を地盤に持つ議員への説明は不可欠です。この時、単に「〇〇幼稚園は、入園者が少ないので、廃止することにしました」などと、さも決定したかのように上から目線で説明してしまうと、「一方的だ！」と議員は反発してしまいます。

まずは、「廃止を検討しているのですが……」のように、少し表現を弱めて伝えます。その上で、入園者数の推移、幼稚園の維持管理コスト、周辺の出生者数の見込み（＝今後の入園見込み）などのデータを揃えた上で、論理的に説明することが求められます。

そして、さらに大事なことは、その議員の立場を踏まえた上で話をすることです。客観的データを提示すれば、「廃止はやむを得ない」と一般的には議員も思ってくれます。しかし、幼稚園の卒園生の多くがその地域に居住しているような場合は、そうした客観的・論理的証拠だけでは地域住民は納得せず、廃園が難しくなります。

また、その地域を地盤にしている議員であれば、その幼稚園と何かしらの関係を持っている（例えば、日頃から幼稚園を支援しており、入園式や卒園式には来賓として呼ばれている、幼稚園PTAの役員になっているなど）ことも想定されます。こうした議員と幼稚園の関係なども、十分調べた上で議員に話を持っていくことが必要になります。

このようなことを調べないで、一方的に議員に廃止を伝えたら、議員は態度を硬化させて、とても廃止に賛成などしないでしょう。また、仮に議員自身が納得したとしても、議員は「地域住民にどう見られているか」を常に気にしていますので、安易に「廃止に賛成」とは言いにくいのです。もし「△△議員は、幼稚園の廃止に賛成している」などの噂が広まれば、次の選挙に影響してしまうからです。

議員自身も廃止はやむを得ないことがわかっていても、それをいかに住民に納得してもらい、ソフトランディングできるかを考えているのです。そのため、もし一方的に公務員が上から目線で廃止の話を持ってきたら、「自分に事前の相談もなく、いきなり廃止とは何事だ！」と表面的には怒るかもしれません。しかし、実はその公務員のミスを「貸し」として作っておき、後で有利な条件（例えば、廃止時期の先延ばしなど）を引き出そうという、したたかな計算が含まれていることもあります。

また、話す相手の属性を分析することも重要です。この幼稚園の廃止について、議員への説明の後に、地域住民に対して説明会を開催したとします。廃止しても構わないと思う住民は、そもそも説明会に参加しませんので、大概の場合、こうした説明会では廃止反対派で埋め尽くされます。

その時には、出席者の立場に寄り添って説明することが求められますので、出席者の分析をすることが重要です。住所、年齢層、職業、所得、居住歴、幼稚園の役員歴など、調べられることはいくつもあります。例えば、自営業者は地域への愛着が強いので、こうした人々が多い場合は、なかなか廃園に理解を得られないことがあります。しかし、マンション居住者が多い場合は、それほど地域との結びつきが強くないこともあります。そうすると、当初は廃園に反対であった住民でも「他の幼稚園で受け入れてくれるなら、廃止しても構わない」と考えが変わる人もいると想定されます。

さらに、どの程度の知識を持っているかにも注意しなければなりません。例えば、幼稚園運営に必要な維持管理コストなどは、いくらその幼稚園に通園させている保護者であっても知りません。そのため、そうした説明をすれば、「幼稚園児1人につき、そんなに費用がかかっているのか」、「在宅で育てている家庭に比べると、多額の税金が使われていることがわかった」などの感想を引き出すことができます。そうすると、反対の声は小さくなっていきます。さすがに、大勢の出席者を前にしてエゴ丸出しで「我が子のために、税金を投入すべきだ」とは主張しにくいのです。

公務員はなるべく物事を荒立てずに、穏便に済ませたい人が大多数です。そのために、できることは前もってやっておこう、避けられるトラブルはできるだけ取り除こうと考えます。このため、徹底的に相手の立場・属性・知識を分析してから話そうとするのです。

まず感謝、次に結論・全体像、そして詳細説明

公務員にとって、避けられない業務の1つに住民説明会があります。
例えば、施設の新設・廃止・サービス変更をする場合には、地域住民や施設利用者に対して、その内容を説明します。既存施設の廃止が決定すると、利用者から苦情が出ることはすぐに想定できるかと思います。また、新設であっても、工事などの騒音問題、子供たちの通学路変更など、様々な影響がでますので、「施設ができるから、うれしい！」と必ず歓迎されるものではありません。このため、場合によっては、この住民説明会が修羅場と化すことが少なくなく、公務員にとっては緊張する場面なのです。

私自身も様々な住民説明会を経験したのですが、その中で困ったものがありました。それは、行政計画の説明会です。行政計画とは、行政が作る各分野における計画のことで、例えば「〇〇市障害福祉計画」、「〇〇市環境基本計画」など行政各分野の個別計画や、「〇〇市長期基本計画」のような市の総合計画のようなものです。

こうした行政計画を作る際には、住民説明会を開くことが一般的です。なぜなら、「住民

から意見を聞いて、計画を作った」という体裁をとる必要があるからです。しかし、そのような説明会に参加したいと思う住民は多くありません。例えば、「障害福祉計画」「環境基本計画」のように、関係者や関係団体が存在する場合は、それなりの出席者が見込めるのですが、「○○市長期基本計画」のような総合計画に興味を持つ人は、あまりいません(稀に、次の議員選挙に立候補しようと思っている人は出席します)。

しかし、「住民説明会は開催しました。でも、参加者は1人でした」というわけにはいきません。そんな参加者数では、「アリバイ作りの説明会か!」、「それでは説明会とは言えない」と言われてしまうからです。

その結果、どうするかと言えば、町会長などの地域の有力者に動員をお願いするわけです。「すみませんが、市の長期基本計画の住民説明会を開催しますので、会長のところから、何名か参加してもらえませんか」というような具合です。つまり動員です。このようにして、何とか格好を整えるわけです。

こうして開催される住民説明会ですから、参加者のモチベーションは高くありません。公務員もそのことは、十分理解しています。このため、なるべく気分を害さずに、気持ち良く帰っていただこうという意識が高まります。

そのため、説明会の冒頭は、まず「本日はたいへんお忙しい中、ご参加いただき、誠にありがとうございます」と感謝から始まります。役所の都合のため、時間を割いていただいているのですから、こちらが下手になるのは当然ですし、参加してもらえなかったら、説明会が成り立ちませんので、本当に心から感謝していることを伝えます。

ちなみに、このように動員された住民は、一般的に高齢者が多いので、比較的役所に対して好意的な方が多いのですが、それでもこちらに粗相があっては大変ですから、とても気を遣うのです。

感謝の後は、結論と全体像の説明です。今日の説明会の目的、次第、そして終了予定時刻（これは非常に重要）を冒頭にお話しします。こうしたものを先に示さないと、出席者のストレスがたまり、必ず途中で「いったい、いつまで話が続くのか」と文句が出てしまいます。そして、会場から1人、また1人と去っていくことになるのです。まず感謝、次に結論・全体像を話すのは、出席者に安心してもらうためです。

そして、いよいよ詳細の説明に入っていくことになります。ここでは、簡潔明瞭《かんけつめいりょう》に説明することと、参加者が理解していることを確認しながら話を進めていくことが重要になります。また、そもそも参加に乗り気でない住民に、いかに興味を持ってもらえるかも大事なポイントになります。

説明会の最後には、質疑応答の時間を設けるのですが、もし終了予定時刻をオーバーしそうな時は、「終了予定時刻となりましたので、いったんここで閉会させていただきます。さらに、ご質問がある方は、個別に職員がお伺いしますので、どうぞお残りください。本日はありがとうございました」と言って、会を閉じます。

理想としては、終了予定時刻前に終わることです。間違っても、終了予定時刻を超過するのは避けなければなりません。ただし、説明会が紛糾《ふんきゅう》した時は別で、こうした際には「施設の利用時間の可能な範囲で、対応させていただきます」と腹を括ることが求められます。

住民説明会で、「まず感謝、次に結論・全体像、そして詳細説明」としているのは、こうした背景があるからです。なかなか外からは見えにくいかもしれませんが、公務員は住民の反応にいつもビクビクしているのです。

無味乾燥なお役所話に、いかに興味を持ってもらうか

前項で記した住民説明会で、無理やり動員された参加者は、そもそも参加したいと思っていないので、モチベーションが低いことはおわかりだと思います。しかし、だからと言って、役所の説明も通り一遍のことをやっておけば良いかといえば、そんなことはありません。それでは、ただ説明会を開催したという、アリバイ作りのための会になってしまうからです。

動員されたとは言え、せっかく参加していただいた住民の方々です。「住民のために働いている公務員」にとっては、何とか住民に興味を持ってもらい、少しでも行政に理解を示してもらえないかと考えるわけです。このため、この住民説明会での説明は、特に技術が求められるとともに、職員の腕の見せ所なのです。

しかし、例えば「○○市長期基本計画」のような、まあ公務員の側から見ても面白いと思えない内容を、いかに自分事に感じてもらうかは非常に難しいものがあります。しかし、こうした場合でも、職員間で共有する鉄板（?）のネタがあります。

第一には、身の安全に関することです。日本のあらゆる場所で地震などの自然災害が発生しています。また、東日本大震災のようなことがあると、テレビなどでその様子が放映されますので、その後の数年間は住民の関心は高まります。「もし、大地震が来てしまったら……」と誰もが心の片隅で考えるのです。

このため、そうした防災に関する内容を絡ませて話をすると、多くの人が「自分事」として感じ、真剣に聞いてくれます。ただ、こうした時は「防災の心得」のような理屈でなく、現場感のある内容が向いています。

例えば、阪神淡路大震災の際、倒壊した建物の中から助けを求める声が上がっていたのに、既に火事がそこまで迫っていたため、付近の住民はとても救い出すことができませんでした。そのため、その倒壊した建物を踏み越えながら、その住民たちが避難したという悲惨な出来事がありました。また、東日本大震災の際には、全国の公務員が被災地へ応援に行きましたが、自分の無力さを痛感して自殺してしまった公務員がいた話など、結構深刻な内容のものがあります。こうした話を織り込むと、皆さんは真剣に聞いてくださいます。

もちろん、住民を恐怖に陥れたり、感動させて泣かせたりすることが住民説明会の目的ではありませんから、こうしたエピソードばかりでは趣旨がぶれてしまうので、注意が必要です。地震に限らず、台風・洪水などの水害、最近であれば新型コロナウイルス感染症なども、この安全・安心の分野に含めることができるかと思います。

第二に、自分の得になることです。役所は、子供からお年寄りまで、いろいろなサービスを行っているのですが、意外に住民が知らないことがよくあります。例えば、税金や保険料などの減免《げんめん》制度、地方の旅館やホテルに低額で宿泊できる契約保養施設、無料や低額で受診できる健診、図書館での新刊リクエスト、イベントに参加するだけでもらえる記念品、などがあります。また、各種施設では、乳幼児を遊ばせるスペース、高齢者のための入浴施設、民間スポーツジムより安価なスポーツ施設、低額な貸会議室など、様々です。

「どうせ役所がやることだから、そんな良いサービスではないんでしょ」と思う方もいるかもしれません。確かに一昔前まではそうでしたが、最近ではサービスの質は高まっています。なぜなら、せっかく住民のためにサービスを始めても誰も利用しなければ、議会からはもちろんのこと、住民からも「税金の無駄遣いだ」と言われてしまいますので、それなりのレベルを保っているのです。

こうした「お得な話」を加えると、眠そうにしていた人もこちらの話に耳を傾けてくれます。やはり「お得な話」には誰しも興味を持つものです。「へー、そんなことがあるんだ。では、今度、自分も使ってみよう」と思わせる内容を、話のどこかに織り込むと効果的です。

もし、どうしても話の趣旨と絡められないのなら、説明会冒頭の挨拶の中で「市では、コロナの経済対策として、1万2千円分使うことができる商品券を、1万円で販売することにしました。お得ですので、是非ご利用ください。では、本題に入らせていただきます」のように話して、注目を集めるということもあります。そうすれば、その後の説明も、少しは聞いてもらえるようになります。

この他にも、年齢層、居住地域、時事など、様々なものから話のネタを集めてきます。もちろん、そうした内容で興味を持ってもらえることもあれば、全く相手の心に響かないこともあります。

残念ながら、住民はその自治体の市民である以上、他市の行政サービスを選ぶことができません。民間企業であれば、複数のサービスを比較検討してから購入することができますが、行政サービスではそれができません。自治体だけでまちづくりはできませんから、公務員はあの手この手で住民を振り向かせようとしているのです。

話し手を助けてくれる原稿を用意する

他の業種と同じように、自治体にも職業語と呼ばれる業界用語があります。その代表例が「祝詞《のりと》」です。祝詞の本来の意味は、祭祀《さいし》にあたり神前で述べる言葉ですが、自治体では、議会や会議で管理職が読み上げる説明原稿のことを意味します。

一般の方にはイメージしにくいと思いますので、例を挙げます。例えば、自治体の議会には、国会と同様に本会議や委員会があります。この中で、議案や予算の説明を行うのですが、そうした説明原稿を指します。

また、来年度の予算要求にあたり首長などの首脳部へ説明する際に、各部の部長が読み上げる原稿なども該当します。これらの原稿は、「偉い人」がさらにその上の「偉い人」や議会、住民などに対して話すセリフですので、もちろん「偉い人」の下にいる部下が原稿を書き、準備することになります。「決算委員会の部長の祝詞は、もうできた?」などと使われます。

なぜ、こうしたものを祝詞と呼ぶようになったのかは、不明です。「お客様は神様です」

との認識が広まったから、読む姿がまるで神前で行われる姿に似ているからなど諸説ありますが、どれが正しいのかはわかりません。ただ、國學院大學《こくがくいんだいがく》などの神道系大学の出身者は、この用法に強い抵抗感を覚えるとの噂もありますが、これまた真偽不明です。

さて、この祝詞に限らず、公務員はこうした会議、議会、住民説明会などでは、説明の原稿を準備するのが一般的です。これは、いきなり本番で話し始めるのは大変だからということも当然あるのですが、それ以外にもいくつかの理由があるのです。

第一に、後でクレームが来た時の検証材料になることです。住民説明会開催後、数日してから、住民から「説明会で、3年後には国民健康保険料が2倍になるなどと説明していたが、それは間違った説明だ」などと苦情が出ることがあります。

こうした時、説明原稿があると、すぐに検証ができます。もちろん、原稿にないアドリブで話してしまったらダメですが、そうでなければ一応の確認ができます。これにより「苦情を言ってきた人の勘違いだ」と判明したり、「そういう意味で言ったわけではないけど、もしかしたらそのように聞こえてしまったかも」と分析できたりします。こうすると、単に「言った」・「言わない」論争にならなくて済みます。

第二に、使い回しがきくことです。例えば、住民説明会であれば、市内で1回だけ開催ということはなく、いくつかの地区に分けて複数回実施されるのが一般的です。この際、その度に説明の内容をぶっつけ本番で考えるのは大変ですし、もし地区によって説明者が異なると、内容がズレてしまうことも想定されます。

また、新規事業などを実施する場合、係内で検討してから、①課長・部長への説明、②財政担当への説明、③議会への説明など、いろいろと場所や相手を変えて話をしていかなければなりません。その際、一度原稿を作っておけば、相手によって文言を微調整することが可能となり、様々な機会で活用することができます。また、説明で不足している点を指摘されたり、何回も同じ質問をされたりすれば、その部分を補強していきますので、原稿の精度も高まって、だんだんと上手く説明できるようになるという効果もあります。

第三に、後任者が楽になることです。公務員の業務の多くは、前例踏襲《とうしゅう》です。例えば、「決算委員会における部長説明」は、その時々で決算額などの数値が変化しますが、話す内容は毎年度ほぼ同じです。そうすると、いったんこうした原稿を作成しておけば、担当者が異動で変わっても、その数値を変更するだけで済みます。担当者が変わって、また最初から原稿を考える必要がなくなるのです。

融通の利かないことで有名な公務員ですが、仕事を楽にするためには結構多くの人が一生懸命になります。会議録や各種マニュアルなどは、庁内のどこかの部署に参考になるものがあれば、それをもらってきて自分の部署用にカスタマイズして済ませます。自分でいちから作るのは、時間のムダですし、品質も良くないからです。

皆さんはご覧になったことがあるかわかりませんが、議会や住民説明会で行われる公務員のあの味気ない説明には、こんな経緯があったりするわけです。確かに聞いている人にとっては退屈なものかもしれないのですが、同じことを何回も言わなくてはいけない公務員にとっては、説明原稿や祝詞は必須なわけです。

これを仕事の効率化と言ってよいかは、やや疑問が残るところですが、きっと神様も許してくれるものと信じています。

話す時間は、聞き手の不快度を考えて決める

話す時に「どのくらいの時間をかけるか」を考えておくことが必要なことは、公務員でも一般のビジネスパーソンでも同様かと思います。

例えば、保育園を管轄する部署にいて、ある市内の保育園の遊具で事故があり、園児がケガをして救急車で運ばれたとします。こうした時は、とにかくその第一報を上層部に報告することが必要です。

この報告が遅れてしまうと、結構、後々面倒なことが起きてしまいます。例えば、首長がどこかの会合に参加して、その出席者の一人から「○○保育園で事故があったそうですね。園児が救急車で運ばれて、大変でしたね」と声を掛けられたとします。

この時、首長が「えっ、そんなことがあったんですか。知りませんでした」では、住民の前で恥ずかしい思いをしてしまいます（そして、後で担当部署は首長に呼ばれて、怒鳴られます）。このため、担当部署としては第一報を早急に報告することとなるわけです。

しかし、首長の面会の予約を取るのは、実は部下の公務員であっても、すぐにできるも

のではありません。首長のスケジュールは、いつも埋まっているからです。このため、例えば、首長が自分の部屋から議会に行くまでの廊下で、「実は、○○保育園で事故がありました」と、まさに歩きながら報告するわけです。急いでいる場合には、手書きのメモを渡すこともあります。とにかく時間がないため、これは仕方ないのです。

このような緊急の場合は別ですが、だいたい会議でも住民説明会でも、話す時間には注意が必要です。例えば、住民説明会でわざわざ住民を動員して開催したにもかかわらず、30分程度で終了してしまったら、「わざわざ来たのに、たったこれだけの内容なのか。我々に失礼じゃないか」と、説明会は紛糾してしまいます。反対に、3時間もかけて説明を行ったら、「話が長すぎる。これでは、とてもすべてを理解できないし、疲れてしまう」と、これまた批判が出てしまいます。

こうしたことから、話す時間は聞き手が不快に感じない程度にすることが、とても重要なのです。話す時間は、聞き手の不快度で決めるのです。もちろん、内容や聞き手の興味によっては、話す時間が少々長くても大丈夫ということもあります。しかし、一般的には、短すぎず長すぎず、このくらいの時間が適当であるという、聞き手が不快に感じない範囲で設定するわけです。これを間違えてしまうと、聞き手の反感を買ってしまいます。

これは、会議でも同様です。特に、職員だけで構成される庁内の会議であれば、できるだけ短時間で終わることが求められます。公務員の職場は、未だに多くの形式的な会議が多くあります。既に結果はわかっているにもかかわらず、わざわざ時間をかけて関係者が集まり、その結果を確認するわけです。

なぜ、そんな会議をするのかと言えば、「関係者が集まって、その結果を出した」という事実が重要なためです。「関係者で決めたのだから、何か問題が発生しても、それは関係者全員の責任だ」という意図があるのです。個人の責任を追及されるのを極度に嫌がる公務員にとっては、会議は重要な儀式なわけです。

このような会議ですから、できるだけ短時間で済ませることが大事です。仮に、会議時間が5分で終了したとしても、会議には先のような意味があるため、「この会議は無駄だった」という人は稀です（ただ、真っ当な感覚を持っている人は、そう言います）。やはり、ここでも出席者の不快度が重要なポイントであることが、ご理解いただけるかと思います。

ただ、難しいのは、聞き手の不快度がバラバラである場合です。冒頭の保育園事故のような場合、当該保育園の保護者向けに説明会を開催するのが、一般的です。この場合、保護者によっては、「事故の原因と今後の対策を確認できれば良い」という人もいれば、「これは役所の重大なミスだ。徹底的にその責任を追及する」という人もいます。両者の説明会に対する参加の意気込みが違うのです。

このため、前者のような考え方を持っている人だけが参加していると考えて、簡潔な説明で終了させてしまうと、後者の考え方を持つ人から一斉に反発されてしまいます。反対に、後者だけを対象に考えると、前者の人は「早く、終わってくれないかな」と思うわけです。

こうした場合は、1部は概略の説明、2部は質疑応答の2部制にして、両者の不快度を高めないようにすることもあります。やはり、公務員にとっては住民の皆様のお怒りは恐怖なのです。

話を盛り上げてくれる小道具たち

様々な人に話す機会を持つ公務員にとって、話す時に活用する様々な小道具は非常に有《あり》難《がた》いものです。こうした小道具を上手に使うことができれば、つまらない話を魅力的なものに変えてくれたり、話さなくても済むという省力化ができたりするからです。そのような小道具をご紹介したいと思います。

第一に、動画です。例えば、自治体の総合計画の住民説明会では、参加した住民にいかに興味を持ってもらうかは、非常に重要なことです。そもそも、こうした総合計画は自治体の将来像、基本理念、政策一覧が並んでいるだけで、これに興味を持てということ自体、無理な注文です。説明会を主催する側の自治体職員でさえ、そのように思うのですから、参加する住民にとっては尚更です。

このため、こうした総合計画の内容を口頭で説明すると、だいたい参加者を深い眠りに誘うことになってしまいます。このため、こうした計画の概要を動画にまとめたものを見せると、わかりやすくなります。動画には、総合計画の作成過程や内容だけでなく、実際の自治体の守備範囲である防災、福祉、環境、河川、公園などの様々な分野の映像もあるので、参加者のイメージを膨らませることができます。ただ言葉だけで、職員が説明するよりも、ずっと効果的です。

また、これは公務員にとっても説明する手間を省くことができるので、とても有難いのです。通常こうした説明会は、いくつかの地区に分けて開催するのが一般的ですから、同じことを何回も話すことになります。これがなくなり、しかも参加者のイメージを広げられるのならば、こんな良いことはありません。

ちなみに、この動画は職員が作るのではなく、地元のケーブルテレビ会社に作ってもらいます（もちろん、その予算は自治体の負担ですが）。

第二に、実物です。例えば、ゴミ出しのルールが変更となり、これまでビン・缶・ペットボトルを袋に入れて捨てていたのを、集積所ごとのコンテナ収集に変更したとします。こうした場合、実際にコンテナを見せて説明した方が住民にとっては、とてもわかりやすくなります。特に、高齢者の場合などは、口頭で「今後、このようなコンテナ収集にします」と写真を見せるよりも、説明会の会場や町会の集まりで実物を見せた方が納得度は高くなります。

また、防災訓練などでは、実際に消火器を使って訓練を行うと、ゲームのような感覚で、より一層身近に感じてもらえます。応急テントや避難所で使う組み立て式の風呂なども実際に使ってもらうことで、災害時のイメージを持つことができます。「なるほど、災害時にはこう使うのね」などと住民から感想をいただけるので、効果が高いのです。まさに、百聞は一見に如かずです。

第三に、紙の資料です。一般的には、会議の次第が書かれたA4判1枚と、個別の資料を準備します。これが、最も多いパターンです。こうした紙の資料は必ずといっていいほど、配布されます。先の動画や実物も、紙資料の補足といった意味合いとなります。ちなみに、この紙資料の活用については、失敗談が多いことでも有名です。

例えば、配付した資料をそのまま読み上げてしまうケース。ただ、読み上げるだけですので、聞き手からは「説明しなくても、見ればわかるよ！」とのツッコミが入ること必至です。反対に、資料から脱線した話が多く、資料のどの部分を説明しているのかがわからなくなってしまうケース。この場合には、「いったい資料のどの部分を説明しているのか？」と、こちらもやはり突っ込まれます。

このため、資料には書いていないけれど、参考になるようなネタを織り込みながら話す技術が求められるわけです。できるだけ話に注目してもらうためには、少しでも新情報を入れていかないと、聞き手は飽きてしまうのです。ただし、高齢者などはなるべく資料に忠実に話した方が良いということもありますので、その微妙な加減が難しいところです。

ちなみに、パワーポイントなどのいわゆるプレゼンソフトについては、その効果が微妙です。部屋が暗くなってしまうため、聞き手はメモができません。何となくわかったような気持ちになるも、実際にはわかっていなかったという人も案外多いようです。また、話し手にとっても、画面だけ見ている聞き手が本当に理解しているのかどうか、よくわからないのです。

公務員になった人は、様々な部署を経験し、その中で様々な会議や説明会などを経験していきます。そのため、どんな小道具が有効なのかを、経験とともに知っていくこととなります。

そのため、「あ〜、あれは役に立ったなあ」と思うものがあれば、必ずまた他の部署でも活用することになります。一般のビジネスパーソンのようにスマートにプレゼン資料を配布することもありますが、公務員の場合は、役所からリサイクルのコンテナを担いで持ってきて、住民の前で汗をかきながら話す方が、相応しい姿のように感じてしまいます。

縦割り主義に不満を持たれないコツ

役所に対する批判の中で、有名なものの1つは縦割り主義でしょう。例えば、別の自治体に引っ越した場合、転入届を出せばすべての手続きが終了ということにはなりません。国民健康保険、学校、福祉サービス、各種手当など、いろいろな部署に行って、様々な手続きをしなければなりません。「1か所で、すべての手続きが終われば楽なのに」と思った人は、多いはずです。

また、類似のサービスなのに、窓口が違うこともよくあります。高齢者が補聴器の申請に来て、併せて杖をもらえるサービスを受けようとすると、「杖は、ここではなく、3番窓口に行ってください」と言われたりします。同じ高齢者対象なのだから、同じ窓口でやれば良いと思うのですが、担当によって異なるわけです。それほどまでに、役所の業務は細分化されているのです。

確かに、この縦割り主義は利用者から見れば、使い勝手の悪いものなのですが、「その分野に関しては、スペシャリストである」という点では、メリットがあるのです。これまでも触れてきましたが、公務員は個人の責任を追及されるのを恐れますので、担当業務については苦情が出ないように非常に細かい部分まで知っているという職員が案外多いのです（もちろん、そうでない職員もいますが）。

このため、自分の担当業務については詳しいけれど、担当外については全くわからないという職員も珍しくありません。利用者目線をなかなか持ちにくいのです。こうしたことから、冒頭のような転入した人の立場になって考えるということが苦手だったりするのです。

ちなみに、1つの窓口で関連する手続きが終わるようにという趣旨で、「ワンストップサービス」ということが、一時期脚光を浴びましたが、実際には関係する部署が単に近くに集まっただけということもありました。

さて、この縦割り主義は公務員の話し方と、意外な関係があります。それは、自分が担当する分野の説明は得意なのですが、聞き手目線になって会議や説明会の全体像や構成を示すのが苦手ということです。

例えば、福祉施設を建設することになったとします。そうすると、次のような説明の順番になります。

❶施設建設の理由、施設の目的について
❷施設の内容や規模などの施設概要について
❸施設の各種サービス内容について
❹工事期間や工事の影響について
❺〇〇小学校の通学路変更について

この❶〜❺については、それぞれの担当職員がいます。このため、個別の説明については、問題ありません。しかし、こうした説明をどの順番にしたら良いか、などは意外に決定までに時間がかかったりします（今回は、話をわかりやすくするために❶〜❺としていますが、実際にはもっと多くの部署が来て説明することもあります）。

こうした時、結局は会議次第を年長であるベテラン職員が仕切ったり、課長などの役職者に決めてもらったりするのですが、順番を間違えると、「施設の概要をまだ説明されていないのに、先に工事の影響について説明されてもわからない」などの苦情が出てしまいます。どのような構成で話をしたら聞き手にとって最良なのか、意外にその視点が抜け落ちていることがあるのです。

ベテラン職員や役職者であれば、こうした経験が豊富なので、「聞き手が理解しやすい構成にするには、どうしたら良いか」をよく理解しているのです（これは、散々文句を言われてきた結果、身についた知識なのかもしれません）。説明する内容の全体像と、個別の説明事項をどのように並べていくと、聞き手は腹落ちしやすいのか、その構成が重要になってくるのです。これを間違えてしまうと、聞き手を無駄に混乱させてしまい、せっかく説明会を開催しても、文句と苦情だけが残ってしまいます。

ちなみに、時系列で話した方がわかりやすいことも多くあります。例えば、事故経過などは、まさにその典型です。「道路に陥没箇所があった→住民がそこで転倒した→周囲の人が救急車を呼んだ……」などのように物語の展開のように話せば、聞き手は「それで、どうなったの？」と続きを聞きたくなるからです。このような話をする時は、落語のようになって聞き手も吸い込まれるのかもしれません。

腹落ちしない話の構成では、奥歯に物が挟まったようで、なかなか話が頭に入ってこなくなります。これまた、住民の皆様のお怒りの原因になってしまうのです。

「やらされ感」を見せない話し方

多くの公務員は、真面目な人です。そもそも、民間企業で「どんどん出世して偉くなろう」のようなギラギラタイプは、公務員になろうとは思いません。また、起業して「一発当ててやろう!」などのタイプも同様でしょう。

公務員という職業を選ぶタイプは、「公務員は福利厚生も手厚いし、残業も少なそうだから」と考える消極的な人もいますが、根本のところでは「住民のために頑張ろう」と考える真面目なタイプがほとんどなのです。

一方で、役所の業務は多種多様です。例えば、事務職で採用された職員が、入庁時にはケースワーカーとして生活保護受給者を訪問するなどして、高齢者から頼りにされる職員だったとします。しかし、次の所属が財政課となり、厳しい予算査定のために、他の職員に嫌われる存在になったりします。そして、さらに次の異動先の情報システム課では、SEのような業務を行って、ほとんど人と関わらない業務だったりするのです。このように担当業務が変わることは、役所の異動としては珍しいことではありません。このため、かえって民間企業の友人などからは、「お前、よくそれだけバラバラな仕事ができるな」と言われたりもします。

同じ職員であっても、様々な業務を行うこととなるわけです。しかし、このことを職員の側から考えると、自分に合っていることもあるし、自分に合っていない業務であることも、当然あるわけです。また、広報などのマスコミ相手の華やかそうな業務もあれば、住民票の交付などの定型的で地味な業務もあるわけです。基本的に、役所の人事システムは、スペシャリストではなく、ゼネラリストの育成を目指すので、それは仕方のないことなのです。

求められるゼネラリストは、どのような課題であっても、一定の成果を挙げることです。「この業務は、私にはできません」は通用せず、とにかく減点にならない程度に、何とか業務をこなすことが求められるのです。

これは、公務員の話し方にも大いに影響します。つまり、いかにつまらない、面白くない内容であっても、住民などの聞き手に確実に伝えなくてはならない、という酷な使命を負っていることになるからです。例えば、住民説明会で話をするとき、話す公務員自身が「これはつまらないな」と思うことがあります。例えば、行政計画の素案などの説明です。

しかし、話し手本人がつまらないと思ってしまったら、「やらされ感」満載の話し方になってしまいます。

このため、「やらされ感」を微塵《みじん》も見せずに話すことが求められるわけです。では、そのために実際に工夫している点をご紹介したいと思います。

第一に、話す内容のどこかに小さな喜びを見つけることです。どんな些細なことでも構わないので、自分が興味を持てそうなところを探しておくのです。そして、その部分を話せるのを楽しみにとっておき、何とかそこまで話を引っ張るのです。

例えば、住民説明会の聞き手に「へー」と言わせて、驚かせたいとします。そのために、「〇〇公園の地面に、小学生が描いた絵があるのを知っていますか。実は、あれは違法駐輪させないための工夫なんですよ」という小ネタを持っておくのです。そこで「へー」と言ってもらうことを拠り所に、自分のモチベーションを高めたりするのです（もしそこで住民が無反応ならば、思いっきり心が折れますが）。

第二に、どこかに自分事をからませることです。話の中に自分事を入れておくと、「やらされ感」をなくして話すことができます。

例えば、防災講話をするとします。その時、「実は、私も防災食料の備蓄には、結構苦労しているんです。どうしても、備蓄食料が賞味期限を過ぎてしまうんですよね。そのため、我が家では、毎月1回は防災備蓄デーを設けて、必ず食べるようにしています」などと話したりすると、自分も楽しく話せますし、住民の方も耳を傾けてくれます。

第三に、聞き手と一緒に楽しい時間を過ごそうとすることです。これは、もうある意味では、気分やノリに近いものかもしれません。

言い方は悪いのですが、どうしてもつまらない、面白くない内容で、しかも住民も動員されていたりすると、自分のモチベーションも上がりません。ある意味では、その悲惨な状況が、かえって喜劇に感じてくるのです。もうその状況を笑うしかないので、「もう、皆さん、楽しくやりましょう」みたいな変な雰囲気を自ら醸し出すわけです（この気分、わかっていただける方には、わかっていただけると思うのですが、理解できない方は引いてしまうかもしれません）。

以上が、「やらされ感」を見せない話し方の工夫です。一般のビジネスパーソンであっても、やはり自分の本意でないけれど、やらなくてはいけないことはあるかと思います。そのような時に、今回お伝えした公務員の姿を思い出していただければと思います。参考になるか、どうかはわかりませんが。

令和　　年　　月　　日

第２章

受付事務所

表現１つで、天国にも地獄にもなる公務員の「文章術」

資料で勝負する

公務員は、様々な場面で資料を作成します。上司や議会への報告、新規事業の検討案、住民向けの事業説明、職員向けの各種通知など、いろいろあります。少し意外に思われるかもしれませんが、一般のビジネスシーンで活用される稟議書に相当するものを起案書と言い、これは書き方が決められているのですが、先のような資料には、こうした書き方が決められておりません。このため、公務員は様々な経験を重ねるとともに、この資料作成力を養っていくのです。

この資料作成力は、公務員にとって非常に重要です。なぜなら、一目ですぐに理解できる資料を作成できることは、仕事ができる人と見られるからです。すぐに理解できる簡潔明瞭な文書、読み手を納得させる構成力・論理力など、日頃の業務で必要な技術が、この資料作成力に求められるからです。資料だけに限らず、文書を重視する公務員には「文書主義の原則」があるくらいなのです。

上手な資料には、共通の特長があります。

第一に、用紙は、原則A4判1枚でまとめることです。「資料は、できるだけ1枚におさめる」という暗黙のルールがあります。もちろん、内容によっては2枚以上にわたってしまう場合もあるのですが、できるだけ1枚にまとめるのが良いとされています。

これは、資料1枚で全体像が把握できた方が、頭に入りやすいという意図があるからです。場合によっては、A3判1枚ということもありますが、これは高齢の首長などに対しては有効です。

第二に、すぐに結論がわかることです。資料の冒頭には、「概要」や「目的」を置き、まず読み手に資料全体の意味や、「なぜこの資料を作成したのか」、「読み手に何をしてほしいのか」を明確にします。

反対に、くどくど経緯などから書き始める資料は、資料を手渡した瞬間に「ダメ資料」との烙印をおされてしまいます。上司によっては、冒頭の数行を読んだだけで、「わかりにくい、やり直し！」と資料を突き返します。

第三に、簡潔明瞭な表現であることです。基本的に長文は不可で、箇条書きが多いです。長文は読み手に負担を与えますし、混乱させてしまうことがあるからです。もし2、3度読み直さないと理解できない文章であれば、それだけで時間の無駄です。

また、長文で書いてしまうことは、資料作成者の文章力がないというより、本人が内容を十分に理解していない証拠と見られることがあります。きちんと本人が理解していれば、長文でダラダラ書くことはないからです。

第四に、論理的な構成になっていることです。資料には目的があります。それは、上司の了解を得たい、新規事業を認めてほしい、事故経過を理解してほしいなど、様々です。資料によって、何かしら読み手に行動してほしいのです。

その意味で、読み手を納得・説得するためには、理屈が必要になってきます。そのためには、演繹《えんえき》法や帰納《きのう》法などを始めとした論理性がどうしても不可欠なのです。

第五に、ビジュアル面を工夫していることです。タイトルはゴシック体、文章は明朝体などの文字のデザイン（フォント）の使い分けはもちろんのこと、下線、太字、斜字、吹き出しなども使います。

こうしたテクニックを多用しすぎると、かえって資料がごちゃごちゃしてしまい、見にくい資料になってしまいますので、効果的に使うことが求められます。こうしたテクニックも経験を重ねる中で学んでいくこととなります。

上手な資料の特長は、他にもいろいろあるのですが、およそ上記のようなことが共通点として指摘できます。

資料作成力は、公務員としての経験を重ねていく中で身についていきます。なぜなら、一度作った資料は、多方面から指摘されたり、修正が求められたりするからです。このため、資料を直していくうちに、だんだんと精度が高まると同時に、職員には資料作成力が身についていくのです。

これまでも述べたとおり、公務員は正確性を重視しますので、資料を手渡されると、つい粗探しをしてしまうクセがあります。「この表現は、おかしい」、「構成がわかりにくい」など、多方面から様々なツッコミがあります。このため、そうした批判に耐えうる資料を作る力が自然とできてくるのです。

資料作成力が職人レベルのような人もいます。こうした人が作成した資料を渡されると、読み手は何ら質問もせず、ただ「わかった」と納得してしまうわけです。こうなると、いろいろと説明する手間を省くことができ、資料1枚で仕事が捗ることとなります。まさに資料で勝負するわけです。

とは言っても、この資料作成に凝《こ》りすぎてしまい、無駄に残業しているダメダメ公務員も結構いるのですが。

混ぜると危険！　事実と意見

まだ資料作成の経験が少ない職員が、よくやってしまう間違いの1つに、事実と意見を一緒に書いてしまうことがあります。

例えば、他の自治体に行政視察に行ったとします。その際、視察先の担当者の説明と、それを聞いた自分の感想や意見をまとめて1つの文章に書いてしまうのです。このような資料はたいへん読みにくくなります。

視察先の担当者が「○○市では、歳入《さいにゅう》を確保するために広告事業を実施しています。その1つとして、庁内にデジタルサイネージを設置しました。これにより、市内企業の広告を行政情報とともに流すことで、市は歳入を得るとともに、手続きで待っている住民に行政情報を提供することもでき、とても効果的です」と説明し、視察に行った職員も「確かに、それは良いアイデアだ」と思ったとします。

そうすると、視察報告書の文章が「○○市ではデジタルサイネージを導入し、歳入を確保するとともに、行政情報も提供しており、本市でも導入すべきだ」のように、事実と意見が混ざってしまうのです。しかし、この文章は読み手からすると、どこまでが視察先の担当者の説明なのかが、よくわからないものになってしまうのです（この例は短文なので、それほど勘違いする人は少ないかと思いますが、長文になればなるほど誤解する人は増えていきます）。人によっては、視察先の担当者が、視察に来た職員に対して、「そちらの市でも導入すべきです」と言っているようにも読んでしまうかもしれません。

これは、正確性を重視する公務員にとっては大きな問題です。正確な事実を把握できないからです。こうした失敗は、資料作成の初心者である職員に多いミスなので、先輩や上司はすぐに「事実と意見を混ぜるのは、誤解を与えるから危険だ」と注意することになります。実は、こうしたミスを犯す職員は、文章作成能力があったり、読書好きであったりすることが少なくないのです。ある程度の文章を書けるので、まとめて書いてしまうわけです。

しかし、この事実と意見の混在は、読み手の判断を狂わすことになります。特に、偉い人が会議で話した内容を報告する場合、「その人が何を話したか」が重要であって、「その報告者の感想」などいらないのです。しかし、報告者が勝手にそうした感想を付け加えてしまい、あたかも偉い人がそのように発言したかのように、読み手が勘違いしてしまうことがあるのです。最悪の場合、その間違った理解のまま、物事が進んでしまうという悲劇が起きてしまうことがあるのです。

そうなると、その偉い人に対して、「以前に〇〇するようにとのお話があったようでしたので、ご指示のとおり△△しました」のように報告したとします。そうすると、「俺は、そんなことは言っていない」と発言したりして、周囲の職員に冷や汗をかかせます。そして、後日、報告した職員に対して、「お前、きちんと内容を伝えていないだろ」と集中砲火を浴びせることになるのです。まさに、「混ぜると危険」なのです。

しかし、上には上がいるもので、わざと事実と意見を混ぜて、読み手を混乱させて煙に巻こうという輩もいます。例えば、新年度の予算を決めることは、自治体にとって一大イベントですが、その中では財政課と事業課とのバトルが繰り広げられます。国レベルで言えば、財務省主計局《しゅけいきょく》と各省の担当者とのやり取りをイメージしてもらえばわかりやすいかと思います。

この時に、事業課が財政課に対して、予算要求のために様々な資料を提出します。その中で、「まるで法律で決まっているような文章」や「首長から指示があったかのような表現」を織り交ぜて、事実に事業課の意見を紛れ込ませるのです。こうした際に、財政課の担当者（査定官）には資料のウソを見抜く力が求められるのです。

もちろん、財政課の担当者は単に資料を見るだけでなく、事業課の担当者に対してヒアリングも行うわけですが、もともと資料に疑いを持っていないと、のらりくらりと話をかわされてしまうわけです。しかし、もし騙されたままで、予算をつけてしまうと、それからが大変です。

担当者は、財政課長などの上司に自分の査定内容を説明しますので、財政課長が目ざとく「資料にこう書いてあるが、これは事実か」などと疑いの目を向けると、思わず黙ってしまうことになるからです。そうすると、「お前、きちんと査定してないな」と、今度はその担当者が怒られることになるわけです。

このように、公務員は事実と意見の区別に敏感です。わざと混在させて煙に巻くテクニックは、もしかしたら一般のビジネスパーソンでも活用できるかもしれません。ただし、悪用して何か問題が発生しても、こちらでは一切の責任は負えませんが。

判断しない上司に判断させる資料

資料の目的は、読み手に何かしらの行動を促すことにあります。事業改善策に了解してもらう、課長に事件経過を理解してもらって課長から部長に報告してもらう、住民世論調査のポイントを理解してもらう、などです。

こうした様々な資料の目的の中で、大きな役割の1つが上司に判断してもらうことです。新規事業案を了承してもらう、予算要求案に納得してもらう、事故の対応案を決めてもらう、などです。しかし、上司の中には、簡単なことであってもなかなか判断できない人が多いのです。

その理由は、自分で責任を取りたくないからです。これまで述べたように、公務員は何か問題が発生して、自分の責任になることを極度に嫌がります。まだ、新人や若手職員ならば、その気持ちも理解できますが、係長や課長などの長のつくポストにいる人であっても、そうした態度を取る人は少なくありません。

私も実際に経験したことがあります。ある業務が、4月から私の担当する部署に移管されてきたことがありました。しかし、業務を開始してみると、3月以前に行った事務に間違いがあったことが判明し、住民に対して間違った請求額を通知していたのです。この件について議会に報告に行くため、「一緒に謝りに行きましょう」と前担当の課長に話したのですが、「4月以降に判明したことだから、関係ない」と頑として拒んだのです。本当にひどいものです。

このように、自分で責任をかぶるという意識が低い人が案外いるのです。何か判断を求めても、即断即決する上司は意外に少数です。このため、資料作成者としては、判断しない上司に判断させるための仕掛けが必要となってくるのです。

例えば、高齢者が利用する福祉センターで、職員が遅刻してしまい、朝に施設の開錠ができず、住民に迷惑をかけてしまったとします。このため、対応策を検討することになったとします。

この場合、何の対応策も考えず、部下が課長に「対応策は、どうしましょうか」などと話を持っていったら、「俺に考えさせるのか。まずは、自分で考えてから相談に来い」と言われてしまいます。

この場合、「スペアキーを用意して、施設の開錠を二人体制で行う」として、職員のローテーションなどを資料にまとめて、課長に相談するという方法が一般的です。しかし、判断しない上司の場合、このような一案だけだと、何やかんやと難癖をつけて、納得しないこともあります(例えば、二人体制にすると朝の超過勤務手当が必要になるので、その予算要求をするのが面倒だ、などです)。判断できない上司は、とにかく判断を先延ばしする傾向があるからです。

このため、この予防策として案を3つ準備して、その中から判断させます。例えば、案1は職員を二人体制にする、案2は機械警備に変更する(業者に施設の開け閉めを行ってもらう)、案3は従前の体制のままで職員への注意喚起だけで終わらせる、などです。これらを一覧にした表にまとめて、それぞれの内容、メリット・デメリットなどを比較できるようにしておくわけです。ただし、この場合も資料作成者は、それぞれの案を順位付けするなどして、「これが良いと思うのですが」と上司に提案しなければなりません。

このように3案もあると、さすがに上司も「どれもダメだ」とは言いにくくなりますので、何かしら判断せざるを得なくなります。それでも、ああだ、こうだと言って決めきれない上司はいるのですが、その場合は上司の意見を反映させて、案を修正していきます。

また、3つの案を作成する場合には、上司が選ぶであろう案を見越して、それ以外の2

案は少々極端な案にしておくのが効果的です（いわゆる「捨て案」です）。上司は、「これとこれは、少し難しいだろう。だから、残りのこの案かな」というように落ち着くことが多いからです。これは、いわゆる松竹梅の法則で、3つの値段があるものについて、多くの人はだいたい真ん中のものを選ぶという心理を応用するわけです。

部下が作成する案が1つであろうと、3つであろうと、とにかく上司が判断してくれれば、それで物事は進められますので、部下としても少しは楽になります。もし選択した案を実行して、また何か問題が発生しても、「課長もこれで良いと判断しています」と、課長にも責任を持ってもらうことができるからです。

ビジネスの場面では、このように判断しない上司は稀かもしれません。しかし、もしそのような上司の部下になってしまった場合は、このような資料が効果的です。なお、どうしても判断しない場合は、部長などのさらにその上の上司に資料を持っていき、「課長に、この資料で説明しているのですが、なかなか判断してくれないのです」と泣きつくと、部長が課長を締め上げてくれます（ただし、その後で課長に睨まれますが）。

前例踏襲は有力な武器になる

役所を批判する際に、使われるフレーズの1つとして前例踏襲があります。これは、「役所は、業務の改善などを行わず、いつまでも同じような仕事のやり方をしている」という意味で使われます。確かに、住民の方々がそのように思う気持ちは十分に理解できるのですが、公務員にとって前例踏襲には重要な意味があります。

例えば、自治体の議会運営です。議会には「会派」という同じ考え方を持つ議員のグループがあり、その会派間の様々な調整によって議会は運営されていきます。首長に対する質問の回数も、会派の人数によって決まるのが一般的です。それは各会派がそのように決めることに同意しているからです（条例等の法令には、会派の人数で質問回数が決まることは、明記されていません）。

こうした議会の中で、例えばイレギュラーな事態が発生した場合、その対応は会派間の調整・合意によって、その取扱いが決まることになります。そして、そのように決まったルールは、その時だけでなく、1つの先例として継承されることになるのです。

このように、「あの時、会派間の調整で決まった」ということは、非常に重要な意味を持つわけです。ある意味では、前例は会派間の調整の賜物と言えます。このため、後日、同様の事態が発生した場合に、「平成○年の時には、このように対応した」というのは有力な説得材料になるわけです。相手を納得させる根拠として、前例踏襲は重要なわけです。

前例は、必ずしも目の前に起こっている事態と、状況が全く同じではないかもしれません。しかし、前例の際に、どのように考えて対応したのかという「考え方」は大事なポイントになります。

一般のビジネス社会でも同様かもしれませんが、自治体でも「これまで経験したことがない新たな出来事」というのは、あまりありません。事態を抽象化すれば、住民に対する不利益の発生、役所内の事件・事故、国から指示された事業の実施など、役所内で起こることにはそれほど違いはないわけです。

仮に、自分が新たな事態に対応する担当者となった場合に、過去の事例を十分に調べた上で資料にまとめるのか、単に自分の考えや思いつきだけを書くのかでは、資料の読み手への説得力は全く異なってきます。このため、前例踏襲はバカにできないのです。

ちなみに、この前例踏襲を活用する際には、コツが必要です。冒頭に示した議会の場合は、先例や申し合わせが議会運営に非常に重要な意味を持ちますので、これらを冊子にしてまとめていることも少なくありません。議会の各会派も、他会派との調整のために重要なので、議員に「先例・申し合わせ集」などとして配布することもあります（ちなみに、参議院のホームページには先例に関する説明が掲載されています）。このため、こうしたものがないかを職場で確認することが大事になります。

また、ベテラン職員や上司とのコミュニケーションも重要です。新人や若手職員は、そもそもそうした前例などを知りませんので、資料に反映させることができないのです。このため、「〇〇ということがあって、困っているんですが、何か良い方法はありませんか」と気軽に相談できる人間関係を構築しておくことが重要になります。

公務員の場合、「福祉部署一筋〇十年」、「法規担当の専門家」、「とにかく役所内のトラブルを熟知しているベテラン職員」みたいな人がいますので、こうした人の知識を活用するのです。彼（女）らは、性格的に一癖あることも多いのですが（個人的見解です）、自分の得意分野の話であれば、「もう結構です」というくらい話してくれます。このため、単に資料の材料だけでなく、一緒になって問題を解決しようと手伝ってくれるかもしれません。

ただ重要なことは、こうした人の話をそのまま受け取るのでなく、その証拠（当時の起案文書や資料など）も集めておくことです。そして、その話を含めて資料にまとめるのです。こうすると、客観性が高く、また説得力を持った資料になります。

　こうしてまとめた資料を上司に見せると、「あ〜、確かにあの時にそんなことがあったなあ。よく知っていたね」などと褒めてくれるかもしれません。また、「あの時と同じようにやれば、確かに大丈夫だな」と上司もイメージが持ちやすくなり、早期に解決できることもあるのです。

　こうした過去の事例が生かされる、前例踏襲が武器になることは、一般のビジネスシーンでもあるのではないでしょうか。

反発されない文章・資料

公務員にとって大事な顧客《こきゃく》である、住民向けの文書や資料の作成は、庁内向けのものよりも気を遣います。それは、もし間違っていたり、わかりにくかったりすると、多くの人に影響を与えてしまうからです。もし、住民説明会で配布した資料がわかりにくかったら、いくら職員が説明しても「こんな資料で理解できるか！」と苦情が出てしまい、とても説明会どころではなくなってしまいます。

このため、住民向けの文書・資料の作成には、とても注意を要するのです。そして、住民の方々に反発されず、すぐに理解していただけるように配慮しているわけです。そこで、具体的に工夫している実例をいくつかご紹介したいと思います。

第一に、フローチャートの活用です。行政サービスは多種多様で、同じ住民であっても世帯の所得などの条件によっては、サービスを受けられないことがあります。このため、住民の方々は「結局、自分は該当するのか」ということを知りたいわけです。この場合、条件が複数あるような場合は、文章で長々と説明するのは、かえってわかりにくくなります。このため、フローチャートを利用するわけです。

　これは例えば、保育園の申請手続きなどでも利用されます。保育園の場合、保護者の就労状況、保育の必要な理由、祖父母の状況などによって提出書類が異なります。このため、申請する住民にとっては、「結局、うちでは何が必要なの？」と、よくわからないのです。このため、これをフローチャートにして必要な提出書類がわかるようにするのです。申請者が質問に答えていくことで、自然と判明するようにするのです。なお、フローチャートに限らず、文章の説明の代わりに図や表もよく使います。

　第二に、敬体と常体の使い分けです。敬体とは「です・ます調」の丁寧な表現、常体とは「だ・である」の普通の表現です。この使い分けも間違えてしまうと、思わぬトラブルを招いてしまいます。

　例えば、ある学校の保護者に、給食費の値上げを知らせる通知を配布するとします。この場合、「○○学校保護者の皆様へ」と保護者向けに、まず通知文を作成します。「日頃は、○○学校の運営にご協力いただき、誠にありがとうございます」との挨拶から始まり、「さて、食材の値上げ等の影響により、来年4月より給食費を別紙のとおりとさせていただきます」のように保護者に話しかける文章にして、中心となる内容を敬体でお伝えします。

そして、別紙には新旧の給食費を対比させて示す他、変更日や変更に伴う注意事項（銀行引き落とし日など）を常体で表記します。

保護者への通知はあくまで敬体で丁寧に、お知らせしたい内容は一目で理解できるように常体で表現するのです。これを反対にしてしまうと、保護者に冷たい文章が送付されてしまいます。また、敬体で変更の内容を表現すると、かえってわかりにくくなります。このように敬体・常体の使い分けは結構重要です。住民に配布したり、住民が閲覧《えつらん》したりするQ＆Aなども、状況に応じて敬体と常体を使い分けるのです。

第三に、配布する住民に応じた文書・資料であることです。例えば、福祉会館を利用する高齢者に、施設の利用方法の変更をお知らせする場合、小さな字では不親切です。利用者に配布する文書の文字は、大きく見やすいものであることはもちろんのこと、施設内に掲示するものも一目でわかるくらいの大きさのものが必要です。

また、施設建設に伴う工事説明会のような場合は、様々な部署が説明するため、どうしても配布する資料も多くなってしまいます。しかし、資料を大量に渡されても住民は困惑するだけですので、全体で調整する必要があります。また、資料名も「資料1」、「参考1」、「別紙1」など種類が多くあると、それだけでわかりにくくなってしまうため、できるだけ統一します。

上記以外にも、誰でも見やすいフォントの使用、障害者向けの音声コードの活用など、いろいろとあります。公務員が作る文書や資料は、以前はかなりわかりにくいと言われてきましたが、現在ではそのようなものでは、すぐにクレームが出てしまいます。そのため、かなり改善されてきたと思うのですが、いかがでしょうか。

住民は、自分の住む自治体のサービスしか選ぶことができませんので、住民の反応も直接的に各担当部署に来ます。このため、いくらお役所仕事とは言え、以前よりも変化してきました。ビジネスパーソンであっても、顧客に配慮した文書・資料は当然だと思います。ただ、自治体の場合は広く住民を対象にしていることから、なかなか特定のターゲットに絞って文書や資料を作成しにくいこともあるのですが。

「等」で意味を膨らます

皆さんもお感じになっているかもしれませんが、公務員の文書には非常に分かりにくい場合があります。それは、法令はもちろんのこと、自治体から送られる様々な通知をご覧いただいても、おわかりになるかと思います。

なぜ、このようなわかりにくい文書になるかと言えば、それは正確さが命だからです。些細な間違いでも問題になってしまいますので、とにかく正確さを追求します。その結果、かえって読み手にとってわかりにくくなるのです。

例えば、新人職員が、係長から「市内のいろいろな団体から寄付があり、生活に困っている住民に配布することになった。その案内文を作ってほしい」と依頼されたとします。

そこで、新人職員は、「生活にお困りの方に、市内の各種団体から寄付されたものを、お配りします。日時は～（略）」と書いたパンフレットの案を作成して、係内の職員に見せました。すると、次のようなツッコミがされるのです。

主任A「生活にお困りの方とあるけど、具体的な対象がわからないよ。生活保護受給中の方とか、はっきり書かなきゃダメだよ」
主任B「市内の各種団体では、曖昧だ。NPO団体などと、例示する必要があるよ」
係長「実際に、何が配布されるのかがわからないな。それに、寄付の中には賞味期限が近いものもあるらしいから、その点も伝えておかなくては」

新人職員は自席に帰り、書き直しを繰り返し、また新たな案を持って、周囲の職員に見せます。その内容は、「生活保護受給者の方に、市内のNPO団体などから寄付された食料品をお配りします。ただし、賞味期限間近のものもありますので、ご注意ください」となっていました。そこで、また意見が出ます。

主任A「生活保護受給者と限定してしまうと、遠慮して取りに来づらいよ。それに、実際に、生活保護受給者に限定するわけではないんでしょ」
主任B「NPO団体だけを例示してしまうと、提供した企業からクレームが来るのでは」
係長「おいおい、賞味期限だけじゃなく、消費期限もあるだろ。それに配布するものは、食料品だけでなく洗剤などもあるぞ」

更なるダメだしをされた新人職員は、頭を抱えてしまいます。そして、また何度も修正し、新たな案を持って職員に見せます。そこには、「生活保護受給者の方等に、市内のNPO団体・民間企業等から寄付された食料品・生活物資等をお配りします。ただし、賞味期限・消費期限等の間近のものもありますので、ご注意ください」とありました。

これが、まさに公務員文書の特徴の「等の多用」です。公務員は「等」をとにかく使います。一般の方であれば、気に留めることのない、この「等」に公務員は、たくさんの思いを込めたり、意味を持たせたりするのです。この「等」が使いこなせるようになってこそ、公務員として一人前という人もいるくらいです。

このため、「この『等』に含まれているものは、具体的に何だ?」、「ここには『等』が必要だろう」という会話は、全国の公務員の間で交わされている頻出フレーズです。もし、公務員のお知り合いがいれば、ぜひとも聞いてみてください。きっとその公務員は、「よく知っているね」と自嘲気味にほほ笑むはずです。

一般のビジネス社会で、この「等の多用」が活用できるかはわかりません。ただ、上司から「業務日報に、来週の出張は『○○社訪問』とあるが……」と聞かれ、「いえ、『○○社訪問等』です。○○社訪問以外にもいろいろありまして」と言葉を濁せば、心おきなく訪問以外の観光もできるのではないでしょうか（バレたらどうなるのかはわかりませんが）。

また、スケジュールに「PM△△氏と面談」ではなく、「PM△△氏と面談等」にしておけば、面談1：その他9だったとしても間違いではないはずです。このような形で、「等」は様々な場面で活躍してくれるはずです。

さて、冒頭の事例です。「生活保護受給者の方等に、市内のNPO団体・民間企業等から寄付された食料品・生活物資等をお配りします。ただし、賞味期限・消費期限等の間近のものもありますので、ご注意ください」の文面を見て、職員は、「ちょっと、『等』が多すぎるな。これでは、かえって住民にわかりにくいんじゃないか」と口を揃えて言ったそうです。まだ、この感覚を持てるだけマシかもしれません。しかし、何かしらのお知らせをしなくてはと、その後、侃々諤々の議論がなされ、最終的に以下のような文章でまとまったそうです。

「生活にお困りの方に、市内の各種団体から寄付されたものを、お配りします。詳細は、お電話でお問い合わせください」

読み手の質問を封じる文章

　自治体の議会は、定例的に開催されます。一般的に、議会の中には複数の委員会があり、「総務委員会」、「厚生委員会」、「文教委員会」などのような名称になっています。この委員会では、首長側が提案する議案を審議すると同時に、各部署が様々な報告を行います。

　報告の内容は、例えば、「新型コロナウイルス感染症について」など、その時に話題になっているもののほか、「令和４年度市民マラソン大会の開催状況について」など、毎年開催しているイベントの結果報告、「今後の幼稚園の統廃合について」など、行政側の検討状況の経過報告など、様々です。

　こうした報告は、もちろん資料を提示して説明するのですが、公務員の立場からすると、議員からいろいろとケチをつけられたり、根掘り葉掘り質問されたりせず、穏便に報告を済ませたいと思っています。しかし、行政に対して物申すことが議員の仕事ですから、単に資料の報告内容を聞いて、何の質問もしないというわけにはいきません。また、委員会は住民が傍聴していることも多いので、そのためのパフォーマンスという意味も含まれていると思うのですが、なんやかんやと質問をしてくることになるのです。

こうした議員の質問に対応しなければなりませんので、公務員は文書や資料作成にとても気を遣います。できるだけ、議員からの質問を封じるために策を講じるわけですが、それにはいくつかの方法があります。

第一に、余計なことは書かないことです。例えば、先の「令和4年度市民マラソン大会の開催状況について」であれば、開催日時、参加者数、完走者数などをまとめます。しかし、実はこのマラソン大会に市役所職員も参加しており、ある職員がコース上でコケてしまい、頭を打って救急車で運ばれたとします。大事はなく無事帰宅したのであれば、このことはあえて資料には書きませんし、口頭でも説明しません。

そもそも市主催のマラソン大会なのに、市職員が迷惑をかけたとなると、議員から「市職員としてどうなのか」など、難癖がつくことが想定されるからです。当然、救急車で搬送された後、生死に関わるようなことがあれば別ですが、特に大事がなければ、議員からつっこまれるようなことはわざと書かないわけです。

第二に、明快な構成です。例えば、「○○保育園での遊具事故について」のような事故報告をすることがあります。この場合、「1　概要」、「2　経過」、「3　課題」、「4　今後の対応」などのように、報告の構成を明快にしておけば、基本的な事項はおさえてありますので、議員も質問しにくくなります。

しかし、「1　経過」、「2　今後の対応」のような簡単な構成にしてしまうと、つっこみどころが満載の資料になって「市は、今回の事故についてどのような認識を持っているのか」などという質問が出てしまいます。不十分な資料は、議員の質問を掘り起こしてしまい、「あれも聞こう、これも質問してやろう」と泥沼化してしまいます。

第三に、使う用語を厳選することです。これは、以前に言及した「等」や「当分の間」などを挙げられます。例えば、市である福祉サービスを開始したとします。そのサービスを受けることができるのは、低所得者、高齢者、障害者などであり、それぞれに所得制限、高齢者でも要介護状態にある人など、条件があるとします。

こうした場合は、その条件をすべて書き出してしまうと、「なぜ、高齢者で要介護状態の者は良くて、要支援ではダメなのか」と、細部にわたる質問を呼び起こしてしまいます。このため、資料には「低所得者、高齢者、障害者等」などとぼかしておくのです。こうすると、「対象者には厳密な規定があるのだな」と何となく察してくれ、「細かく質問すると、かえって面倒かも」と思わせることができるのです。

このように、読み手の質問を封じるには、いくつかの方法があります。決して間違ったことを書いているわけでなく、文書や資料につっこみを入れさせないための工夫なのです（かといって、すべてを全部正確に記述しているわけでもないのですが）。

こうした工夫は、もちろん議員対象に限ったことでなく、上司や会議に提出する資料でも同様です。「この資料を誰が読むのか」を十分に考えた上で、資料の構成や用語を十分に吟味しないと、多方面からのつっこみが来てしまいます。もちろん、自分の身を守るためにそうした工夫をするということもあるのですが、無駄な混乱を避けることも大事な目的なのです。

ちなみに、それでも委員会当日に質問が出るのを嫌がる人もいます。その場合、委員会当日前に議員に接触して、事前に資料の説明をして、質問があればそこで聞いてしまうという強者もいます。そして、帰り際に言うのです――「これで、委員会当日には、質問はありませんよね」

読み手のつっこみを待ちわびる文書

前項とは反対に、読み手のつっこみを待ちわびる文書も役所には存在します。これは、これまでにも触れてきた「○○市地域福祉計画」、「○○市環境基本計画」のような各種行政計画です。

なぜこうした行政計画は、読み手のつっこみを待ちわびる文書なのでしょうか。その理由は、簡単に言えば「自治体が勝手に作ったものでなく、住民や議会などの幅広い意見を取り入れて完成した」という体裁が必要なためです。

例えば、ある市で「○○市地域福祉計画」を作成することとなったとします。この場合、庁内では一般的に2つの会議体が設置されます。1つは、その市の職員で構成される庁内会議体（仮に、これをA会議とします）で、これはだいたいすべての部署から職員が集められます（全庁的に検討したという形が必要だからです）。

もう1つは、学識経験者、市内関係団体、公募市民、庁内の「○○市地域福祉計画」を担当する部局の職員で構成する会議体（これをB会議とします）です。ここでは、先の庁内組織で検討したものを、さらに検討するために設けられるのです。これにより、市職員だけでなく自治体以外の人も交えて作ったという体裁をとることができます。

行政計画を作成する際には、段階を踏むことが必要になります。まず、行政計画の「素案」を作るため、A会議を複数回開催し、その後B会議での議論の後に「素案」として確定するのです。その「素案」は広く市民に公表され、これに対して広く市民から意見を募るのです。これをパブリックコメントと言います。また、「素案」の内容を説明する住民説明会を開催することもあります。その中で、参加者からも意見を募るわけです。さらに、この「素案」の内容は議会にも報告されます。

そして、パブリックコメント、住民説明会および議会での意見を、「素案」の内容に反映させます。もちろん、すべての意見を反映させることはできないのですが、取り入れられるものは取り入れて、「素案」の内容を変更します。これによって、「素案」は「案」へと生まれ変わります。この「案」についても、A会議とB会議で検討されることとなります。そして、「案」が確定すると、議会に報告されて、「成案」となるわけです（ここでは形式的な報告であることが多く、変更することはあまりありません）。

さて、以上のように行政計画は、素案↓案↓成案の段階を踏むことになります。これは、冒頭にも述べたように、職員だけでなく自治体以外の人も交えて作ったという体裁が必要だからです。これは裏を返すと、素案が最初から完璧では困るわけです。つまり、素案は、読み手からのつっこみを待ちわびる文書でなければならないのです。

このため、場合によっては、公務員はわざと素案に穴や不備を仕込んでおくことがあります。なぜなら、素案は必ずどこかを変更しなければなりませんので、最初から完璧なものでは、後々困ることになるからです。もちろん、素案の段階では全く見落としていて、パブリックコメントの指摘で不備が見つかったということもあります。

また、実は素案が思いのほか良くできてしまっていて、パブリックコメントなどの意見を反映させる部分がないこともあります。そもそも、パブリックコメントなどの意見が集まらないということもあります。しかし、その場合でも、何かしらの変更を行って、素案を案に生まれ変わらせるのです。

この読み手のつっこみを待ちわびる文書には、思わぬ効用があります。それは、この計画作成に関わった人（A・B会議メンバー、パブリックコメントの提出者、住民説明会参加者、議員など）が「私が関与して、この計画ができた」という当事者意識を持つことです。

こうした行政計画は、長期間にわたり存在しますし、ここで決めた内容は市民や関係団体などに影響を与えることになります。このため、「自治体が勝手に作った」では困るのです。例えば、B会議に関係団体の職員なども入っていれば、この行政計画の内容に反対するわけにはいきませんし、同種の他団体に対しても影響を与えられるという効果があります。このように当事者意識を持ってもらうことは重要なのです。

ちなみに、この手法はビジネスパーソンでも活用できると思います。例えば、複数の部署にまたがるプロジェクトを行うような場合、ある部署が否定的だったとします。その場合、最初にわざと穴のある資料を提示して、相手にいろいろな指摘をさせるのです。そうして、資料をともに修正しながら、参加意識・当事者意識を高めていくのです。こうすれば「読み手のつっこみを待ちわびる文書」を戦略的に活用できると思うのですが、いかがでしょうか。

読み手の立場になってあらゆる事態を想定する

公務員になると、必ず上司から作成を命じられる資料があります。それは、想定問答集です。想定問答集とは、文字通り「問い」と「答え」がセットになったもので、就職試験における面接対策として作った方もいるかもしれません。しかし、公務員が業務上でこの想定問答集を作成するのは、概ね議会対策のためです。

例えば、委員会などの場で、課長や部長などの管理職は、議員から様々な質問をされます。このため、この準備としてその部下たちが想定問答集を作成するわけです。しかし、作成にあたっては、その職員の力量が非常に問われます。

それは、部下は課長や部長の立場になって、「どのような質問がされそうか」を考えて作る必要があるからです。施設廃止であれば、その理由や代替措置などは、もちろんのこと、その施設の利用者数の推移、維持管理コスト、廃止決定までのプロセスなど、議員がどのような質問をするかを考えなくてはいけません。どのような質問がされるのかを予想するのは、実際に議員対応をしていない部下にとっては、かなりの想像力が要求されるわけです。

作成する職員に想像力が欠けていると、せっかく作った想定問答集も単なる妄想問答集になってしまいます。「こんな質問をされるわけないだろ」と、課長や部長にとっては、まるで役に立たないものになってしまうのです。しかしながら、部下も実際に議会に出席しているわけではないので、なかなか質問の感覚がつかめないことも事実です。このため、実際には作成途中で課長などのチェックが入り、「○○についての質問も追加しておいてくれ」、「この質問は要らない」などの注文が入ります。

ちなみに、心配性の課長や部長の場合は、作成する部下も大変です。課長たちにとっては、この想定問答集は委員会に向けての大事な「お守り」なので、どうしても「あれも、これも」と質問の追加を求めてくることが多いのです。そのため「課長は○○についての質問も追加しておいてくれって言うけど、そんな質問をされるわけないよ」と部下が思うこともしばしばあります。

では、質問の追加を要求してくる課長たちが一方的に悪いのかと言えば、必ずしもそうとは言えません。やはり、議会に対する現場感を持つ課長たちが考える質問の方が、議員の質問に近い場合があるからです。また、部下が「そんな質問をされるわけがない」と考えた突拍子もない内容だったとしても、実際に議員から質問があって、「ほら、俺の言ったとおりの質問があっただろ」と、鼻を膨らませて部下に威張るケースもあるからです（それは、質問した議員も変わった人だった、ということもあります）。

また、課長や部長は、議員の急な質問に対して、実際に想定問答集を見ながら答弁することもありますので、該当箇所をすぐに見つけて、的確に答弁することが求められます。このため、想定問答集には形式美も求められます。

具体的には、質問項目がきちんと整理されていることと、箇条書きなどの表記になっていることです。想定問答集にある、まさにその内容を議員が質問しても、「どのページに書いてあるか、すぐに見つけられない」、「長文の説明で、該当箇所がなかなか見つけられない」では、想定問答集の意味がなくなってしまいます。見やすい目次、箇条書きでのわかりやすい表記など、形式面での配慮が必要となってくるのです。

課長や部長は、委員会などの本番当日までに想定問答集を読み込み、大まかな内容を頭に入れてきます。しかし、それでも委員会当日に焦ってしまい、該当部分を見つけられずに右往左往してしまう課長や部長は、案外多いのです（そして、作成した部下は、「せっかく作ったのに、何しているんだ」と怒りを課長や部長にぶつけます）。

以上のように、公務員が作成する想定問答集は、書き手が徹底的に読み手の立場になって、内容や形式も含めたあらゆることに配慮した文書と言えるかもしれません。このことは、ビジネスでも同様かと思います。「この資料を見て、顧客は何を疑問に思うだろうか」、「上司は、この問題についてどう判断するだろうか」など、徹底的に相手の立場になって、あらゆる事態を想定するはずです。

こうした文書を作成する経験は、想像力だけでなく、文書作成能力や危機管理能力も高めてくれるはずです。また、実際に自分が上司になった時にも、非常に役立つはずです。このため、一般のビジネスパーソンでも、公務員でも、いつまで経っても妄想問答集しか作れないと、さすがに問題かもしれません。

客観的・論理的な文章に見せるコツ

公務員が書く文章には、書く人の個性や特徴は求められていません。「ああ、この通知文書は、あの人らしい表現だな」、「この『生活保護のしおり』は、なかなかエッジが効いた文章だね」なんてことはあり得ないのです。言い方は悪いのですが、誰が書いても同じような表現や内容であることが、求められるわけです。その意味では、脱個性的な文章なのです。このため、公務員は長い経験の中で、文章に個性が出ないように訓練されます（これも前例踏襲なのかもしれません）。

一方で、文章に求められるのは、客観性・論理性です。これは、非常に重視されます。例えば、施設廃止に伴う住民説明会で配布される資料を想像してください。この資料の廃止の理由に客観性や論理性がなければ、とても住民は納得しないでしょう。「そろそろ、廃止の時期かなと思いますので」などという、主観的・非論理的な説明であったら、住民説明会は間違いなく炎上してしまうでしょう。

この客観的・論理的な文章を書く訓練の場の1つとして、昇任試験の論文があります。

意外に思われる方もいるかもしれませんが、地方公務員が昇任するためには、当局が実施する昇任試験の合格が必須の場合があります。すべての自治体ではないのですが、昇任試験があり、それに合格しないと主任、係長、課長などに進めないのです。

現在は、公務員でも「別に出世しなくても構わない。下のポストで、のんびりと働きたい」と考える職員も多いため、昇任試験の受験率が低下しており、試験を実施しても合格定員に満たない受験者しか集まらないということもあります。そのため、昇任試験を廃止して、一本釣りで無理やり昇任させてしまう自治体も実際にはあります。

この昇任試験の科目の1つに論文があります。この昇任試験の論文というのが、非常に独特のスタイルなのです。一般に、論文というと、大学の卒業論文をイメージする人が多いと思うのですが、それとは全く異なるのです。この論文の特徴をご紹介すれば、客観性・論理性を磨いていることがおわかりいただけるかと思います。

第一に、表現はすべて「〜だ」、「〜である」と断定することです。学者のような「〜と思われる」、「〜と推察される」などの表現を用いたら、「昇任論文を理解していない」と判断されます。主観的な内容でなく、あくまで行政の実務担当者として客観的に断定することが求められるのです。

第二、演繹法や帰納法などの論理的手法が用いられることです。「AはBである。BはCである。よって、AはCである」のように文章がロジカルであることが求められます。論理的矛盾《むじゅん》や論理的飛躍《ひやく》があれば、それだけで合格することは難しくなってしまうでしょう。また、論理的手法であるフレームワークなどを用いない場合であっても、どのように採点官を納得させるかが重要です。

第三に、時代を反映した内容であることです。同じテーマであっても、20年前と現在では、書くべき内容が異なります。現在であれば、人口減少、ＩＣＴなどの話題が不可欠です。そうした時代性を反映していないと、採点官を納得させる文章とはなりません。これを論文に反映させることで、社会状況などの客観性を担保しなければなりません。

ちなみに、冒頭に述べた脱個性という視点も大いに関係します。なぜなら、受験者自身が持つ「係長はこうあるべきだ」などの認識を論文に反映させる必要はないのです。この昇任論文には、受験者の個人的な認識や見解など必要なく、合格論文として必要な条件をクリアできる文章を、過去の合格論文のように再現できるかが問われているわけです。

以上のように、公務員にとっては客観性・論理性のある文書の作成は非常に重要です。そのために、日頃の業務だけでなく、昇任試験の論文があるわけです。これは、ビジネスパーソンにも活用できるかと思います。上司や顧客を納得させるためには、客観的・論理的な文章は、やはり欠かせないでしょう。もちろん、ビジネスシーンではキャッチコピーのように、顧客の心を動かす文章術も求められていますが。

なお、公務員の昇任試験用の論文対策本があります。この中では、先の表現についてだけでなく段落構成、各章の役割などが詳しく説明されていて、その特殊性が理解できるかと思います。ご興味のある方は、ぜひご一読を。

依頼・要望を上手くかわすコツ

相手の依頼・要望を上手くかわして文書を仕上げることも、公務員にとっては必要な能力です。

この良い例は、議会における答弁書の作成です。国会と同様に、自治体の議会においても、議員は首長に対して質問をしてきます。議会は、そもそも行政の活動をチェックする機能を持っていますので、行政のあらゆる分野について質問をしてくるわけです。

この質問は、大きく3つのタイプに分類できます。

1点目は、首長の認識を問うものです。例えば「現在の市政における最大の課題は何か」に対して、「人口減少が最大の課題と認識している」などと答弁するタイプです。2点目は、議員が提案するものです。例えば、「人口減少に対応するため、本市への移住者に対して給付金を支給したらどうか」などの提案です。3点目は、提案ではなく、単に自分の主義主張を述べるものです。厳密には質問ではないのですが、質問時間は、自分が注目される時間ですので、その多くを自分の主義主張に割き、最後に何かしらの質問をおまけ程度に加えるパターンです。

この2点目の議員からの提案は、非常に多いのです。なぜなら、議員本人が考えた内容だけでなく、所属する政党、自分が関係する団体や機関、地域住民の意見を行政にぶつけられるからです。地域住民であれば、「〇〇議員が、私たちのために議会で質問してくれた」と考えることになります。

また、議員自身が考えた提案型の質問も同じく有効です。もし議員の提案が実現されたとなると、それは議員の成果や手柄になりますので、それを次の選挙で住民に対して大きくアピールできるからです。

以上のことから、行政には様々な提案が寄せられることになります。しかし、これまでも述べてきたとおり、行政が何かを実施する際には、多方面での調整が必要となりますので、すぐに「やります」とは答弁できないのが実情なのです。

その結果、議員の提案をかわす答弁を書くことが多くなります。しかし、単に「できません」、「やりません」では議員も納得しませんから、上手に断る文章術が求められてくるのです。その方法をいくつかご紹介したいと思います。

第一に、提案を実現してしまうと、反対に不公平感を持つ人や不利益を被る人がいることを示すことです。例えば、議員から「○○地区に公園を新設すべきだ」のように、自分の地盤に公共施設を整備させようとする、地域エゴを感じさせる質問が出ることがあります。

こうした場合、市全体から見てその地区に公園を新設することが、他地域との均衡を逸するようなことがあります。その時は「市全体を考えますと、○○地区の公園整備率は、他地区よりも高いこともあり、現段階では難しいものと考えております」などとして、地域的偏在になることを指摘します。

第二に、提案された内容を長期的課題に位置付けてしまうことです。例えば、「市の児童会館では水漏れなどの施設の不具合が多数発生しており、早急に改修を行うべきだ」のような質問があったとします。

仮に、この施設で事故が発生する可能性があれば別ですが、そうでなければこうした多額の予算が必要な事業は、すぐに実現することは困難です。このため、「長期的な課題であると認識しております」のように先送りしてしまうのです。裏を返せば、提案された内容は緊急性がない、今すぐ実現する必要はない、時期尚早であることを表明するわけです。

第三に、提案された内容が、箸にも棒にもかからないことを暗に示すことです。例えば、

「まちの活性化のために、本市にも空港を新設すべきだ」のような荒唐無稽な提案がされることがあります。実際には、それは無理な話であり、全く実現の可能性はありません。このため、「それも考え方の1つと認識しております」のように、いなしてしまうのです。

心の中では、「何てこと言っているんだ。そんなこと、できるわけないだろ」と思いつつも、そんなことは直接言えません。そのため、「考え方の1つ」として、賛成するわけでもなく、反対するわけでもなく、かわしてしまうのです。もちろん、「それはできません」と直接否定することもできるのですが、質問した議員が実力者であったりすると、無下に否定することはできません。このように、自治体では様々な答弁のパターンがあり、この答弁のヒントをまとめた書籍もあるくらいです。

民間企業であれば、顧客から様々な要望が寄せられることと思います。お客様センターであれば、「ご意見として承りました」で終わることもあるかと思いますが、どうしても何らかの答えが必要な時もあるでしょう。そんなとき、先のような答弁や書籍がもしかしたらヒントにつながるかもしれません。ただ、顧客が納得するかは、保証はできませんが。

できるだけ手間をかけずに資料作成する

これまで述べてきたように、公務員と文書や資料は、切っても切れない関係にあります。公務員になったばかりの新人職員であっても、いくつもの職場を経験していくうちに、こうした文書・資料を作成する能力は嫌でも身についていくものです。

しかし、いくら真面目な人が多い公務員であっても、さすがにいちから文書を作るのは、非常に手間のかかる作業です。そのため、「何とか楽をして作成できないか」、「いかに手を抜くか」と考える人がいるのも、当然のことです。そんなできるだけ効率的（？）に業務を進めようとする公務員の姿を、ご紹介したいと思います。

第一に、前例と他部署の文書を活用することです。例えば、議会に定例的に報告する文書であれば、例年の書式がありますので、その数値や内容の一部を変更すれば済んでしまいます。昨年の報告の際に、何か問題でもあれば別ですが、基本的には踏襲しても構わないわけです。

また、どこの職場でも使用する「会議録」、「想定問答集」、「操作マニュアル」などは、必ずどこかの職場にあるものです。このため、同期や友人などのあらゆる伝手を活用して入手します。そして入手したファイルを、自分の職場用にアレンジすれば、楽に完成させられます。

第二に、ネットや書籍の活用です。例えば、国が決めた新たな事業を、全国の自治体で実施するとします。そうすると、事業内容の概要や住民向けの事業紹介などを、既にどこかの自治体がホームページに掲載していることがあります。それをそのまま真似すれば、頭を使う必要がなくなります。

また、公務員を対象にした書籍の中には、こうした文書・資料のサンプル集があります。住民向け、議員向け、ホームページ掲載用など、様々な場面に応じたものになっているので、これもそのまま活用できます。

第三に、他人の知識を活用することです。例えば、上司から「今度の住民説明会で使用する資料を作成してくれ」と依頼されたとします。しかし、まだ住民説明会の経験もなく、皆目見当がつかない職員であれば、途方に暮れてしまうかもしれません。

しかし、周囲の先輩やベテラン職員に「課長から資料作成を依頼されたのですが、困っているんです」と言えば、多くの職員は「住民説明会の資料だったら、こうすれば良いよ」

と教えてくれます。ある程度の経験がある職員であれば、そうした知識を持っていますし、公務員は優しい人が多いので助けてくれるのです。

第四に、他の職員に依頼してしまうことです。これはあまり良くない例かもしれませんが、昔はこうした職員が結構いました。例えば、課長が係長に文書作成を依頼したものの、係長は部下の主任にそのまま丸投げしてしまうのです。

他の職員から「係長が依頼されたのに」と言われても、「これは○○主任の実力を伸ばす良い機会だから」などと言って、やらせてしまうのです。もちろん、主任をフォローはするのですが、実態は丸投げです。

第五に、作成を依頼した本人を巻き込んで、実態はその本人に作らせてしまうことです。これは、以前にも少し言及しましたが、最初にわざと穴のある不十分な資料を提示します。そこで、上司に「これではダメだ。ここは、こう直して……」などと指示してもらうのです。

「こんな資料じゃダメだ。作り直して、もう一度持ってこい!」と何も指示してくれない上司には通用しませんが、公務員は案外マメな人が多いのです。このため、ダメ資料を見ると、つい細かいことにまで口を出してしまいがちです。結局は、その指示に従う素振りを見せつつ、言われたとおりに修正して、完成させてしまうわけです。

以上、省力化して文書を作成する方法についてご紹介しました。確かに「ズルい！」と感じる方もいるかもしれませんが、できるだけ効率的に業務を進めたいと思っているのは、公務員でもビジネスパーソンでも変わらないでしょう。反対に、こうした工夫をしないで、真正直にパソコンの画面とにらめっこばかりしていて、「どうしたら良いんだ」と頭を悩ませていたら、本人のメンタルヘルスや効率的な業務運営の面から言っても、問題だと思うのですが。

令和　　年　　月　　日

第３章

受付事務所

何とか自分の意向を通したい公務員の「交渉術」

わざと相手に見下されて、不用意な発言を引き出す

「公務員と交渉術」というと、一見あまり関係なさそうに思われるかもしれません。しかし、実際に交渉する場面は結構あるのです。

例えば、議員です。議員は、支持者・関係団体・業者などから依頼されて、様々な要求を役所に持ち込んできます。時には、エゴに近いようなものもあります。また、施設を廃止するような場合は、もし地元で反対運動が起きれば、公務員はその団体とも粘り強く話し合っていかねばなりません。施設サービスの変更や廃止などに関して、利用者やＰＴＡなどの団体と話し合うこともあります。

さらに、自治体には一般の労働組合に相当する職員団体がありますので、管理職であればやはり交渉は必須です。この他にも、交渉相手としては民間事業者、ＮＰＯ団体、他の行政機関などもあります。このように、意外に公務員は交渉する場面が多いのです。つまりこのことは、公には説明責任があり、多くの人に納得してもらわないと、行政運営ができないということの証でもあります。

こうした中で、手強い交渉相手の1つは、やはり住民でしょう。特に、保育園や幼稚園、公立小学校などに子供を通わせている保護者の中には、高学歴・有名企業勤務の方もおり、交渉が難しくなることがあります。

自分が保育課に在籍していた時、公立保育園の運営を民間事業者に委託《いたく》するということがありました。これは「民間でできることは、民間にやってもらう」という時代背景があり、様々な公的サービスが民間委託化されていたのです。図書館や福祉施設などの運営、学校の給食調理や警備など、様々です。こうした民間委託をする理由はいろいろあるのですが、最大の理由は、給与の高い公務員が実施するよりも、民間企業に運営してもらった方が経費が安くなるからです。

そうした中で、私は我が市で初めて公立保育園を民間委託するときの担当者だったのです。この時、市が保護者への事前の連絡や調整もなく、いきなりある保育園1園を指名して、民間委託を発表してしまいました。このため、一気に住民から反発が起こりました。

これまで公務員が運営してきた保育園を、すべて社会福祉法人に委託するのですから、その急激な変化に保護者は戸惑ったわけです。「来年になって、いきなり全職員が入れ替わるなんて、子供への影響をどのように考えているのか」、「なぜ、他の園でなく、この保育園なのか」、「市はすべてを民間に丸投げして、責任を放棄するのか」とそれはひどい状態でした。議員も巻き込んで政治問題となってしまったのです。

しかも、この地域は先に述べたような、高学歴・高年収の方が多く住んでいる場所でした。「保護者説明会」という名の交渉は、保育園の一室で行われたのですが、保護者の言葉の端々から高学歴であることがわかり、また、厳しい発言が数多く出されました。しかも、保護者からのこうした発言を聞いていると、明らかに公務員を見下していることが感じ取れるのです。その様子をなかなか適切に表現することは難しいのですが、「私たちは、あなた方みたいな●●な公務員とは、わけが違う。●●な公務員だから、このようなことしか考えられないのだ。本当に●●だ」のようなことを内心考えているのだな、ということがわかるのです（●●にどのような文字を入れるのかは、読者のご想像にお任せします）。

しかし、そんな様子を発言や態度からうかがい知ることができても、こちらはそれに対して何も反論しません。そもそも事前調整をしなかったのは、役所の落ち度だったという負い目があったからです。また、見下されることに反論しても、こちらにとって得になることは1つもないからです。

しかし、言われっぱなしで何の返答もしないと、それはそれで「我々の発言に対して、何も答えないのか」と怒りを倍増させてしまいます。このため、こちらも保護者からの罵詈雑言に近い発言を聞きながら、反論できる準備をして機会をうかがうしかありません。

そんな交渉の中で相手を見下した発言を繰り返していると、調子に乗ってしまい、意外に不用意な発言をしてしまう人がいることを、発見したのです。「これは使える材料かもしれない」と思いました。それらの発言は、こちらの人格を否定したり、前後で矛盾していたりしたからです（公務員は人権研修を必ず受講しているので、こうした感覚には敏感です）。

ある程度、保護者の発言が収まった段階から、そこをゆっくりと突くわけです。「今、我々のことを、『何も考えていない、どうしようもない人間だ』とおっしゃいました?」、「先ほどは、民営化に反対しないと言われましたが、今は絶対ダメだと言っています。おかしくありませんか」などと、少しずつ反論していくわけです。こうすると、当初は防戦一方だった我々の立場も微妙に変化していき、場の空気も少し変わっていきます。こうして、少しずつ流れを引き戻していくわけです。

わざと見下されることで不用意な発言を引き出し、反転攻勢をしかけるという一連の行動は、クレーム対応でも活用できます。さんざん窓口で怒鳴り散らしている住民に対して同じ方法を取るのです。これは、民間企業でも使えると思いますが、いかがでしょうか。

本交渉前の下交渉で結果を決める

以前にも言及したように、役所は縦割り主義です。このため、「自分が担当する分野なのか、担当外のことなのか」という区別を職員は非常に気にします。自分の担当でミスがあると責任を追及されてしまうので、自分の守備範囲は頑なに守ろうとするからです。しかし、担当以外であれば一気に関心がなくなります。

しかし、想像していただければわかると思うのですが、縦割りにきちんと収まらないことがあります。例えば、空き家問題です。そこに住んでいた単身高齢者が亡くなってしまったような場合を考えましょう。もし、親族が誰もその家の世話をしないと、家が空き家になってしまうことから、いろいろな問題を引き起こしてしまうのです。

具体的には、泥棒や空き巣などの防犯に関すること。また、その空き家が老朽化して倒壊の恐れがあるならば、住宅や環境の問題にもなります。このように一口に空き家問題といっても、役所内の様々な部署が関係してくるのです。しかし、こうした多方面にわたる問題の対応は、公務員にとって苦手分野なのです。そして、「どこの部署で担当するか」は、部署間で駆け引きが行われます。

例えば、「低所得者を対象に、市内で使用できる市内共通商品券を配布する」ことが、首長の公約で決まったとします。この場合、だいたい次のような意見が出されます。

職員A（総務課所属）「あくまで低所得者向けの事業なのだから、生活保護課で実施すべき事業だ」

職員B（生活保護課所属）「いやいや、低所得者は生活保護受給者と限らない。商品券の配布事業だから、市内共通商品券を所管する商工課が行えば良い」

職員C（商工課所属）「これは、これまでの事務分担にはない事業だ。だから『どこの課にも属さない事業』を担当する総務課の担当だ」

このように、職員同士で押し付けあいが始まるわけです。こんな時、首長などの上層部の鶴の一声で担当部署が決まれば楽なのですが、首長なども自分が悪者になりたくないので「関係者で話し合って、担当部署を決めてくれ」と問題を丸投げしてしまうことがあります。こんな時に、様々な交渉が始まるわけです。

こうした場合に、3つの課の課長が話し合って、すぐに決めるということはありません。こういう時に活躍するのは、公務員の場合は係長なのです。仕事のできる係長は、こうした時にいろいろな方法で活躍（もしくは暗躍）します。例えば、職員BとCが密かに話し合い、「一緒に、総務課の担当にすべきということで話をまとめてしまおう」と結託して、総務課に押し付けるということもあります。この駆け引きができるかどうかが、係長の資質として重要なのです。

また、別のケースとして、仮に、生活保護課か総務課のどちらかにすることまでは決まり、後は両者の話し合いで決まることになったとします。この場合も、係長の出番です。

例えば、まず総務課の係長が、生活保護課の係長に会い、「あくまで低所得者対策であること」、「総務課は、本来このような業務を取り扱わないこと」、「庁内全体の調整を行う総務部長が、生活保護課長は若くて適任であると考えている」などの、いくつかの理屈を持ち出して説得を試みます。それに対して、当然のことながら、生活保護課の係長も反論し、交渉は何回か繰り返されます。

こうして課長同士の本交渉の前に、下交渉を繰り返すことで、双方の主張が明確になります。その様子は、両課長にも随時それぞれの係長から報告されますので、課長たちは「相手に押し付けることができそうだ」や「こちらの分が悪い」などの様子がわかるわけです。そして、場合によっては自分の部長に加勢してもらうなどして、反転攻勢に出ようとすることもあります。

そして、このような下交渉でだいたいの結論は決まってしまいます。課長同士が会う本交渉は、単に内容の確認だけの形式的なもので、単なるセレモニーになってしまうのです。場合によっては「もう決まったんだから、課長同士で会う必要はないよ」となってしまうこともあります。

このように下交渉が、実質的な交渉の場になるわけです。下交渉の意味は、いきなり本交渉で決裂してしまうと、その後のフォローが極めて難しくなることにあります。このため、本交渉の前の下交渉で、実質的に物事を決めてしまうわけです。そして、相手と地道に交渉することが、現場の第一線である係長の大事な役割なのです。

一般のビジネスシーンでも、まずは部下に話し合いをさせ、ある程度まとまった段階で、当事者が出てきた方がすんなりと話がまとまることがあると思います。また、そうしたできる部下は、どこの部署でも引っ張りだこになるのは、官民問わずだと思うのですが。

交渉相手の分断をねらう

これも施設を民間委託したときに経験した話です。この施設は、障害者が通所する施設で、もともとは公務員である職員が運営していたのですが、社会福祉法人に委託することになったのです。このため、利用者である障害者の保護者たちからは、反対運動が起きました。

障害者施設の場合は、保育園と異なり、卒業がありません（もちろん、他の施設に変更する、転居するなどは別です）。このため、利用者もその保護者も、施設との関係が非常に長く、また深くなります。日々の支援を行っている職員に対して、「面倒を見てもらっている」との思いが強くなるからです。

また、こうした施設を運営する民間事業者の中には、利用者に対するパワハラやセクハラ、また決められた人数よりも少ない職員数で運営を行うなどの不正を行ったことが報道されることがあります。このため、民間事業者に対して悪いイメージを持っている保護者もいました。そもそも、現在も十分なサービスを受けているわけですから、自治体の勝手な都合で民間委託することには根強い反対があったのです。

このため、この施設の民間委託を市が決定した後も、保護者の理解が得られずに、なかなか実現できませんでした。民間委託化を発表してからかなりの年数が経っても実現できておらずそんなときに、自分がその担当者になったのです。自分が初めて出席した保護者説明会では、多くの保護者からいろいろな意見や苦情が出ました。まさにサンドバッグ状態で、ただひたすら聞くしかありませんでした。

役所の論理としては、民間事業者のノウハウを活用すればこれまで以上のサービスが提供できること、またこれまでに実施していない休日の開館も可能になること、民間委託によって浮かせることができた経費は新たな障害者サービスに活用できること、などのメリットを伝えます。しかし、それでも民間委託化については、抵抗感が強かったのです。

説明会を繰り返していたのですが、ある日、一人の保護者が私のところへ来てこう言ったのです。「私は、民間委託に賛成です。民間でも立派にやっているところは、いくつもあります。また、申し訳ないのですが、今の職員さんの中に『この人、大丈夫かな』と思う人もいるのです。でも、説明会では反対の声が大きくて、とても発言できません」と。これには、非常に驚きました。確かに、説明会で意見を言う人は、限られた人たちだったのです。

また、そもそも説明会に参加しない人が、案外いることがわかりました。そのことを施設の職員に尋ねると、「実は、説明会でいつも中心になって反対している、○○さんたちのグループのことを良く思っていない人が、結構いるんです。そのため、そもそも説明会に来ないんです」と言ったのです。さらに、同時期に実施していた、民間委託に関するアンケートを見ると、賛成派と反対派が数の上ではあまり変わらず、「どちらでも構わない」という人もいました。

つまり、今まで説明会で大きな声で話していた人ばかりに目がいってしまい、全体を見落としていたわけです。このことを知ってから、説明会では聞くだけの防戦一方から、反転することができました。

「アンケート結果を見ると、一定の賛成数があります」と、アンケート結果に寄せられた意見などを紹介すると、反対派のメンバーの声も小さくなっていきました。今までの、自分たちが施設利用者の代表であるかのような振る舞いはなくなっていきました。次第に賛成者に配慮した意見を述べるようになり、結果として交渉相手の分断を図ることになったのです。

このように交渉相手を分断することは、交渉を進める上では有効です。言い方は悪いのですが、交渉相手が一枚岩でない場合、こちらにとって都合の良い部分を上手く活用して、交渉を有利に運ぶことができます。交渉相手も、自分たちがまとまっていないことがわかれば、自然と主張がトーンダウンしてしまうのです。

ただし、住民の間に対立を作らないようにしておく必要もあります。先の例であれば、自治体と民間委託賛成派が一体となって、反対派に対抗するような構図を作ってしまうと、後になって施設の運営に支障が出てしまうからです。ビジネスでも交渉相手が複数人いれば、その主張の違いを突いて、有利な展開に持ち込めると思うのですが、いかがでしょうか。

交渉のオモテとウラを使い分ける

自治体の管理職になると、議員対応は欠かせません。多くの自治体では、係長までの職員であれば議員対応はせず、課長以上の管理職になってから正式に議員と対応するのが一般的です。なぜなら、管理職になると、本会議や委員会などの公式な場面でやり取りを行うからです。

当然のことながら、議員は選挙によって選ばれます。このため、議員は次の選挙でも当選することを目的として様々な活動を行うこととなります。それぞれの議員には、基本的に地盤があります。そのため、その地盤である住民などからの依頼であれば、基本的にそれを受けて役所へつなぐことになりますが、その内容は様々です。

個人的な問題であれば、「本来は、息子はA小学校の学区域だが、B小学校に通わせたいので、何とかならないか」、「国民健康保険料を滞納して困っているが、どうにかならないか」などがあります。また、町会などであれば「あそこにガードレールを設置してほしい」、「防災用品を備蓄したいが、どうしたらよいか」などです。さらに、企業や関係団体などであれば、「入札に参加したいが、どうしたら良いか」、「市政に協力している団体に、市から補助金を出してもらいたい」などがあります。

もちろん、これらは議員を通さずとも、直接自治体に働きかけても構わない問題なのですが、やはり「議員に言えば、何とかなるのでは」、「議員経由で依頼した方が有利だ」という意識が一般にはあるようです。ちなみに、単に議員を通して自治体に依頼するのでなく、議員が本会議や委員会で正式に行政側に質問することで、自治体に働きかけを行うということも少なくありません。

このように、議員としては依頼があれば、基本的にそれを受け取って、自治体へ伝えることとなります。ケースによっては、自分の主義主張や信念と異なるので断ることも当然あります。また、他の地盤からの依頼であれば、その地盤の議員に引き継ぐこともあります。いずれにしても、基本的には議員は依頼を受けるのです。

このため、自治体の管理職からすると、様々な依頼を議員から受けることとなるわけです。この中で多いのが、「この業者を活用してほしい」との依頼です。

例えば、市の防災課の課長だったとします。市では、大規模地震などに備えて、食料や避難所設置に伴う様々な機材など、いわゆる防災物資を備蓄しています。このため、議員から「これまでよりも保存期間が長い食料がある」、「避難所生活が長くなると、粉ミルクや生理用品も必要になってくるので備蓄すべきだ」などと言って、様々な業者を紹介されます。

こうした場合、会議室で議員、業者と会わざるを得ず、役所に対していろいろな売り込みがされます。業者は自社製品の特長などを延々と説明し、隣に座っている議員は「ぜひ、購入を検討してほしい」などと言ってきます。しかし、これは額面通りに受け取れないことが、結構あるのです。

それは、議員が「業者から頼まれたので課長につなぐけれど、実際に購入するかどうかは市の判断で構わない」などと思っているからです。つまり、議員はあくまで議員としての役目のため顔つなぎをするけれど、購入するか否かは、どちらでも良いと思っているのです。

このため、この時は「良い」・「悪い」の判断はせず、「いったん持ち帰って、検討します」のように態度を保留します。そして、本当に市として必要なものかどうかを検討して、購入の是非を決めればよいわけです。そのように検討している最中に、議員から電話が入り「先日は、どうも。紹介したけれど、別に無理して購入する必要はないから」などと、あっさり本音を漏らしてくれることもあります。

さすがに、そのような電話をもらうと、「それだったら、わざわざこちらに話をもってくるな！」と言いたいところですが、それはお互いがその立場を理解していますので、言うことはありません。このように、表向きには売り込みのための交渉のように見えますが、実質的には単に議員の顔を立てておけば良いということもあるわけです。これは、交渉のオモテとウラの側面と言えます。

自治体の管理職の立場であれば、このオモテとウラをきちんと理解しておくことが必要です。どのような依頼も額面通りに受け取ってしまっては、議員の本意を誤解して行動してしまうからです。このように、交渉のオモテとウラを上手く使い分けできることは、管理職として必須の技術なのですが、これは、ビジネスにおいても同様でしょう。

当事者以外の第三者を交渉の目的にする

交渉というと、どうしてもどちらか一方が「勝った」・「負けた」という結果だけに目がいきがちです。しかし、公務員が行う交渉では、必ずしもこのようにならないことがあります。

これまで言及してきたように、保育園や障害者施設の民間委託の場合、自治体職員と交渉するのは施設利用者本人でなく、その保護者となります。そのため、「利用者にとって、どのようにしたら良いのか」を公務員と保護者が、園児や障害者などを慮りながら交渉することとなります。

この場合、お互いの考える「利用者の利益」が異なることがあります。例えば、保育園の民間委託であれば、これまでに実施していない保育サービスの充実を期待できることが、民間委託のメリットの1つとして指摘できます。公務員の保育士ではできなかった、外部講師による英語やリトミック（音楽教育の手法）の指導などです。また、延長保育、休日保育、お泊り保育の実施なども考えられ、これらは保育時間の拡充になるので、仕事が忙しい保護者にとってもメリットになります。

しかし「子供たちは、こうした保育サービスの充実を望んではいない」と主張する保護者もいるのです。その理由は、そもそも保育園は幼稚園とは異なって教育をメインにしていないことや、できるだけ保護者と子供が一緒に過ごすことが基本なので、休日保育などを実施すると保護者が家で保育しなくなるなどです（ただし、後者の主張を認めてしまうと、それならば保育園に預ける必要はないのではと考えてしまうのですが）。

しかし、仕事が忙しい保護者にとっては、延長保育や休日保育の実施は、ありがたいサービスです。このため、こうした論点は、保護者によって「賛成」・「反対」が分かれてしまうのです。そのために、あまりこの点だけについて「良い」・「悪い」を議論してしまうと、前に述べた保護者の分断を作ってしまう可能性もあります。先のような主張を声高に行ってしまうと、他の保護者から反発されてしまうからです。しかし、保護者がまとまらずに交渉そのものができなくなってしまうことは、自治体にとってもデメリットです。このため、こうした事態は避けなければなりません。

こうした論点は、仮に利用者本人に意見を聞くことができたとしても、どちらか一方の結論でまとまることはありません。もし、子供である保育園児が大人のように話すことができて、保育サービスの充実の可否を聞いたとしても、やはり「賛成」・「反対」が分かれてしまうはずです（保育園児が「もっと我々を家庭で保育すべきだ」と訴えてくる姿を想像すると、ちょっと笑ってしまいますが）。いずれにしても、公務員も保護者も利用者のことを想像しながら交渉を進めるわけですが、実際のところは1つの結論にまとめるのは難しいのです。

そこで、役所としては保護者に対して「いろいろな考え方はあると思うのですが、子供にとって選択肢が増えるということは、良いことではないでしょうか。もし、そうしたサービスは不要と考えるご家庭があるならば、利用しなければ良いわけですから」と提案するのです。そうするとだいたいの場合は、保護者にも納得してもらえます（そもそもサービス充実に賛成の保護者もいるので、その声を押しつぶしてまで反対する保護者はいません）。

このように、自治体VS保護者でなく、あくまで利用者を中心にすることで、お互いの交渉に対する印象はずいぶん変わってきます。どちらが「勝った」・「負けた」でなく、第三者のために交渉したという見せ方ができるのです。そうすることで、交渉の当事者はどちらも敗北感を味わうことなく、「子供たちのために、一生懸命に議論した」という思いが残るからです。

交渉に関する本などを見ると、「WIN－WINを目指せ」とありますが、公務員からすると、これはあまりしっくりときません。それよりも、「公の利益はどこにあるか」をメインに考えて交渉するという方が腹落ちします。それは、やはり公益性という錦の御旗を掲げられるからです。「WIN－WIN」よりも、強いて言うならば近江商人《おうみしょうにん》の「三方良し」の方が適切のような気がします。

ビジネスの世界では、どうしても自社の利益を考えなければなりませんので、この公務員の交渉術は必ずしも当てはまらないかもしれません。しかし、自社の利益を追求しつつも、結局は、顧客の利益を最優先に考えることが自社の利益の最大化につながると思うのですが、いかがでしょうか。

交渉で重要な役割分担

交渉の当事者が双方ともに複数人いる場合、役割分担に従って交渉を進めるということがあります。

これも障害者施設における交渉での経験なのですが、民間委託に反対の急先鋒だった保護者（Aさん・女性）がいました。Aさんはとにかく弁が立つ方でした。説明会では、施設側からの説明の後、毎回すぐに手を挙げて、様々な質問や意見を投げかけてくる人でした。これに対峙するのが、私の部下であった、当時の施設長でした。

この施設長は人当たりの良い人なのですが、意外に芯のある人で、Aさんからの質問に直球で回答しようとしていきます。しかし、このAさんと施設長とのやりとりは、説明会冒頭のお約束みたいなもので、毎回結構な時間を費やしていました。

その後、Aさん以外の人も何人か発言して、だんだん施設長の回答の勢いが弱くなっていきます。自治体側が、やや劣勢のような雰囲気に見えてくるのです。そうした頃に、その施設長の部下である係長が「まあ、皆さん、いろいろ意見はあると思うのですが……」

と話をまとめようとします。この係長は、この施設に長く勤めるベテラン職員なので、保護者からの信頼も厚いのです。このため、保護者も厳しい態度にならないのです。

そして、1時間半も過ぎると、お互いが意見を言い尽くした感じになります（もしくは、両者に疲労の様子が見え始めます）。そうすると、また別の保護者から「そろそろ、このへんで終わりにして良いんじゃないですか」との発言が出てきます。そして、説明会はお開きとなるのです。

私は何回かこの説明会に出席していたのですが、「なるほど、この説明会では役割分担ができているのだな」と妙に納得しました。冒頭のAさんの発言は、説明会の口火を切る大事な発言であるとともに、ある意味ではAさんやその他の保護者の「自治体に自分の質問や意見をぶつける」という大事な時間なのです。これを欠いてしまうと、「言いたいことが言えなかった」という不満が保護者に残ってしまいます。

そして、その対応は施設長の大事な役割でした。その後、係長が何となくまとめに入り、保護者もそれに同調して、会が終了するという1つのお決まりの流れだったのです。

ある時、この流れに逆らってしまうことがありました。それは、説明会冒頭の施設側からの説明が長過ぎて、なかなかAさんが発言できなかったのです。この時の説明会は、やはり予想通りというか荒れたものになりました。Aさんだけでなく、その他の保護者も含めて、なかなか発言できないというストレスで、自治体側に対する反発を高めてしまったのです。

これは、失敗でした。いくら自治体側からある程度の時間の説明が必要だったとしても、途中で一度話を切り上げるなどの配慮をすべきでした。こうした交渉相手を無視した態度は、徒に交渉を混乱させるだけでした。そこで改めて交渉における役割分担の重要さを知ったのです。

今考えると、交渉の役割分担の意味は2つあるように思います。1つは、交渉の中でその人がどのような発言・立ち回りをするかということ。説明会の冒頭に口火を切る人、途中で加勢する発言をする人、みんなの思いを受け止めてくれる人、会を締めくくる発言をする人などです。そのことが、説明会の進行にとっては重要な意味を持つわけです。

もう1つは、交渉の中でその当事者が役割を果たさないと、当事者に不満が残ってしまうことです。これは、交渉に悪影響を及ぼしてしまいます。これは、「役割を果たした」という達成感を得られることが、交渉で重要な意味を持つということです。つまり、役割分担は会の進行にとっても、当事者の納得のためにも重要なわけです。

ちなみに、後にこの役割分担の話を施設長にしたところ、最初からこのような流れではなかったそうです。説明会を繰り返すうちにこうした形が出来上がったそうです。つまり、結局は誰もが落ち着く形に集約されていったということだと思います。

1回限りの交渉では、こうしたことは考えづらいと思います。しかし、ビジネスの場面でも、複数回実施される交渉では、こうした役割分担に着目することは、交渉をスムーズに行うためにも大事なように思います。

交渉相手の気持ちに寄り添う

前項のAさんに関する話の続きです。何かと自治体に対する当たりが強いAさんだったので、当初はこちらもお会いする時には、かなり緊張していました。そんな激しい説明会を何回か実施した後に、Aさんから「説明会とは別に、私たちの話を直接聞いてほしい」との依頼がありました。

「公の説明会ではないので、あくまで懇談という形で良いのなら」ということでお返事をしたところ、それでも構わないとのことでした。そのため、後日、Aさん本人とそのグループの方々（全体で6、7人だったと思います）と、施設の一室でお話しする機会を持ちました。

こうした時、場合によっては知らない間に会話を録音されてしまい、それを勝手に対外的に発表してしまうような人もいるので、注意が必要です。しかし、この時にはそのようなことはなく、ざっくばらんな懇談となりました。その中では、公の説明会では聞けない、様々な話が出ました。

驚いたのは、施設長に対する不満が噴出したことです。「あの人は言っていることと、やっていることが違う」、「約束をしても守らない」、「民間委託ありきで、全然私たちの話を聞いてくれない」など、いろいろ出されました。それを聞きながら、「なるほど、説明会冒頭であのような言い合いをするのは、このような背景があるのだな」とわかったのです。

つまり、そもそも民間委託の是非というよりも、個人的な不信感が募って、反発していたのです。Aさんたちは、その事実を施設長の上司である私に、個人的に聞いてほしかったのだな、ということがわかりました。

実際に話してみると、Aさんたちの民間委託に関する考えは、次のようなものでした。「現在のサービスについて大きな不満はない」、「かえって運営者が変わることの不安が大きい」。そこで、こちらからもより具体的に話をしました。全部納得していただいたわけではないのですが、公の説明会で話すよりも、より突っ込んだ話ができたように思います。

日頃の説明会とは異なり、話し合った後に充実感も残りました。この懇談会のおかげで、Aさんたちとも何となく気持ちが通じたように思います。その後に施設を訪れると、気軽に挨拶し合える仲になり、少しずつ本音も言えるようになったのです。このことは、正式な交渉の場である説明会のやり取りが以前よりもスムーズになるなど、良い影響も与えてくれたのです。

この話には、続きがあります。実は、この懇談会とは別の日に、今度は施設長の部下である、あの保護者から信頼がある係長から、「職員の話を聞いてあげてほしい」との依頼がありました。その日は施設長が不在の日だったのですが、施設に出向いて複数の職員にヒアリングを行ったところ、ここでもまた施設長への不満が多数出されました（係長は、わざと施設長が不在の日を選んで連絡してきたのです）。

職員も施設長に不満を抱いていたのです。その不満の多くは、「話が一方的、強権的だ」、「全然私たちの話を聞いてくれない」、「あの施設長は信頼できないので、異動させてほしい」などでした。

この2つのことがあり、ようやくこの民営化がうまくいかない理由が、はっきりと見えた気がしました。つまり、施設の民間委託化について交渉を行っていたつもりだったのですが、実際には、保護者も職員も施設長に対する不満を持ち、そのために施設がきちんと運営されていないことが、この問題の本質だったのです。公の説明会の目的は、確かに民間委託化に関することだったのですが、実際には、保護者は施設長に対する不信感を表明する場であったわけです。

そして、それを聞いている職員たちも、施設長に不満を持っているので、保護者に同調しているのです。これでは、いくら施設長一人が頑張っても民間委託の話が進むわけがありません。交渉に関わる人の本音を理解しないので、交渉が空回りしているのです。このことで、交渉に関わる人の本音を知ることが、いかに大事なのかを痛感させられました。

ビジネスの場面では、こうしたことは稀かもしれません。しかし、「そもそも交渉の目的は何なのか」、「交渉に関わる人の本音はどうなのか」などを検証しないと、そもそもの交渉の意味がないかもしれません。これらを踏まえて交渉に臨まないと、せっかくの時間と労力が無駄になってしまいます。反対に言えば、きちんと本心を理解した上で、交渉に臨めているかということだと思います。

ちなみに、この障害者施設は民間委託され、施設長も含めて、職員はみな他の部署に異動していきました。

交渉のために、あらゆるルートを使う

役所ならではの独特な交渉術があります。例えば、次のような例です。

X県Y市で、来年度にある事業の実施を考えているとします。その事業は、X県の補助金を活用することが可能で、市は財政負担をできるだけ抑えたいために、なるべく県の補助金を使いたいと考えています。しかし、県の補助金額には県全体での限度額があります。そのため、X県では県内の各市から補助金活用の依頼があった後、各市の申請内容を審査し、補助金の趣旨にふさわしい内容なのかを判断します。その結果、申請した補助金の全額をもらえる市、一部の額だけもらえる市、全くもらえない市が出ることになります。

こうした際、まずはY市の担当者（係長以下）が県の担当者に申請書の提出とともに、事業の内容がいかに補助金の趣旨に合致しているかをアピールします。できるだけ多くの補助金を獲得するためです。しかし、担当者間の話し合いでは、Y市の職員はあまり良い感触を得られなかったとします。

そうすると、次にはY市の担当課長がX県の担当課長に連絡し、補助金獲得に向けたア

ピールをするとともに、他市の動向なども聞き取るわけです。そこでも、状況が厳しいことがわかると、部長レベル、さらにその上のレベルでX県に対してアプローチをするわけです。もちろん、いつもこうしたことが行われるわけではなく、それだけY市に補助金に対する強い思いがあり、それが全庁的に浸透している場合に限られます。

また、こうした時には、単に担当者だけでなく、X県の担当部長を個人的に知っているY市の部長などが駆り出されることもあります。「県のあの担当部長を知っているならば、今度紹介してもらえないか」などと、個人的な伝手を頼るわけです。個人的なパイプを使って、何とか目的を実現しようとするのです。県の担当部長も、個人的な知り合いからの依頼だと、無下に断ることもできなくなるのです。こうして、Y市は何とか補助金を獲得しようと、X県に働きかけるわけです。

また、同様のケースで、例えばY市が市内に特別養護老人ホームを新設したいと考えているものの、市有地に適切な場所がなく、現在は空き地となっている県有地を活用したいと考えたとします。この場合、県が広く県有地活用のプロポーザルを受け付けていれば良いのですが、必ずしもそうとは限りません。

X県としては、「いつか県として活用しようと思っているが、まだ具体的には決まっていない。そのため、県有地活用の公募も行わないまま、そのまま放置されている土地」という位置づけになっているのです。こうした時に、Y市の職員がX県に交渉に行くわけです。しかし、そんな時は、県の担当者はあまり積極的に市に売却もしくは貸付をしようとは思いません。やはり、県にとっても県有地は重要な資産ですので、なかなか市に渡したがらないのです。売却すると戻ってきませんし、仮に貸し付けても長期にわたるため、実質的に県としては使えなくなるからです。

こうすると、先ほど述べたように、いろいろな段階でY市からX県に接触を試みます。しかし、ガードが堅いのは言うまでもありません。そこで、様々なルートを使ってもどうしてもダメな場合、最終的には市長の出番になることがあります。Y市の市長が、X県の知事やその部下と面談して、依頼するわけです。

こうなると、Y市としても本気で活用したい意志を県に伝えることになりますし、県にとっても、門前払いはできなくなるわけです。この段階では、もはや役所の事務方レベルの問題でなく、政治決着という形になります。この時は、日頃の県知事と市長との関係も重要です。もし、過去に遺恨があったり、日頃の関係が良くなかったりすると、やはりY市の要望は受け入れられないでしょう。

ただし、Y市としては市長に登場いただくのは、最終手段なわけです。もちろんのことながら、市長自身がこの案件について積極的であることが前提で、そうでなければ県に足を運んでほしいとはお願いできません。ちなみに、Y市長がもともとX県の県議会議員であれば、その影響力は大きいものがあります。県の枢要ポストの管理職に睨みが効くからです。このように、役所の交渉にあたっては、最終的に首長を担ぎ出すこともあるのです。言い方は悪いのですが、Y市としては使うことができるあらゆるルートを活用し、そして最後は首長にまで登場してもらって、決着を図ろうとするわけです。

どちらかというと公務員は形式主義的ですので、正面攻撃だけでは、なかなか難題を突破できないわけです。そのため、あらゆるルートを使い、時には個人的な関係も持ち出してくるわけです。そして、それが時に大きな効果をもたらすのです。このことは、民間企業でも同じかもしれません。相手の担当者を知っている人を社内で見つけ出して、何とか接触を試みようとします。また、最終的には、社長にまで出てきてもらって、交渉を解決しようとするのです。

このように考えると、官民問わず、交渉の決着のためには、単に担当者だけでなく、多くの人を巻き込むことが必要なようです。

過大な要求を、最低限の要求に見せる技術

毎年、夏を過ぎると、自治体では来年度予算の編成に向けて動き出します。財政当局から予算編成に関する方針（来年度の予算編成に向けた考え方やルールなど）が示されたり、説明会が開催されたりするからです。

ちなみに、財政当局の言うことは、だいたい例年同じ内容であって、「財政状況はとても厳しい。それでも住民のニーズにはきちんと対応しろ。職員の知恵と工夫で、何とか乗り切れ」という無理難題が並べられています。このため、ベテラン職員になると、「はい、はい。いつもと同じ内容なのね」と、狼少年を見るようなつもりで予算編成方針を眺めるわけです。

しかし、ここから事業課と財政課との闘いが始まるのです。どうにかして予算を確保したい事業課と、少しでも予算を削減したい財政課とのバトルの開始です。この第1ステージが予算編成方針の発出です。そして、第2ステージは、事業課が財政課に提出する予算要求です。

文字通り、予算要求は事業課が「これだけの予算が必要です」と示すもの（見積書）ですが、だいたいこの見積りは過大な要求になっています。予算編成方針などには、「よく精査して予算要求しろ」とあるのですが、それを信じて提出してしまうと、財政課はさらにその額を削ってきますので、事業そのものができなくなってしまう可能性もあるからです（ちなみに、それに対して財政課は何の責任も取りません）。

このため、事業課が財政課との交渉に臨むにあたっては、「予算要求は過大なものでなく、十分に精査した上で要求したものだ」ということを演出する必要があります。そのためには、業者からの見積書、サービスの対象者数の算出根拠、世論調査に基づく市民ニーズの提示など、ありとあらゆるところから予算要求の理由をかき集めます。そして、実際にそうした資料も添付して、予算要求を行うわけです。

対峙する財政課も、負けていません。盛った金額であることは十分承知していますので、要求内容を見ながら、「どうしたら論破できるか」、事業課とのヒアリング前に十分に作戦を練るわけです。例えば、備品の要求金額がこれまでの実績と比べて高い、新規事業のニーズが不明確、事業実績がそもそも良くない、など事業課の要求内容に切り込む材料を揃えます。

そして、第3ステージである、財政課による事業課へのヒアリングが始まります。ヒアリングは、財政課長が各事業課の課長に対して行うもの、首長などの上層部が各部長に行うものなど、いくつかのレベルがあるのですが、これらはややセレモニー的な要素があります。最も重要なヒアリングは、財政課の査定官による事業課の担当者（係長以下の職員）へのヒアリングで、まさにガチンコ対決になります。

ここで、事業課の担当者にとっては、「過大な要求を、最低限の要求に見せる」ことが求められます。査定官が少し笑いながら「この金額、少し盛っているでしょ」と揺さぶりをかけてきても、「そんなことありません！　本当に、これが最低のラインです。なぜなら〜」とすぐに反論できる演技力が求められます。この時に、査定官の甘い言葉に動揺したり、思わずつられて笑ったりしてしまうと、査定官は「やはり、盛っているのか」と思ってしまい、他の事業も含めてゴリゴリと予算を削ってきます。

先の演技力で、査定官が納得して（もしくは騙されて）くれれば良いのですが、さすがに財政課の職員もこうした経験を重ねていますので、一筋縄ではいきません。「では、この事業については、後日またお話をしましょう」と、新たな攻め手を考えるべく、時間を確保しようとします。そして、ヒアリングという名の交渉は、何回も繰り返されるわけです。

その結末はいろいろです。査定官が事業課の理屈を崩すことができなくても、「現在の財政状況を考えると、要求を全額認めるわけにはいかない。このため、要求額の7割で査定します」という荒業に出たり、「私は認めたかったんだけど、財政課長がどうしてもダメだと言うんですよ」と課長のせいにしたりすることもあります。また、「この事業は認めるけど、他の事業でもう少し削ってくれないかな」とセット販売のようなことをすることもあります。もちろん、過大要求がバレてしまい、事業課の要求がことごとく削減されることもあります。ただ、実際には、お互いが歩み寄り、一定のところで話がまとまることがだいたいのケースです。

いずれにしても、「過大な要求を、最低限の要求に見せる」のは、交渉では有効な手法の1つです。ただし、そのためには、完璧な理論武装と演技力が必須です。この手法は、ビジネスでも十分活用できると思います。ただし、交渉決裂になっては、元も子もなくなってしまうかもしれませんが。

長期戦になりそうな交渉は、いくつかの段階に分けてそれぞれに目標を作る

交渉には、1回で済むものもあれば、何度も交渉を重ねた後に、ようやくまとまるものもあります。交渉する両者の主張に大きな隔たりがある場合は、当然後者となるわけです。例えば、これまでも言及している保育園の民営化の場合は、まさに後者に該当します。当時のことを振り返ると、こうした場合の交渉は、いくつかの段階を踏まなければいけないと思います。

第1段階は、両者がお互いのことを知るための顔合わせ期です。この時は、交渉メンバーは誰なのか、お互いの主張は何なのか、交渉の期限はいつか、などの交渉にかかる基本的な内容が共有されます。

特に重要なのは、交渉メンバーをお互いがよく知ることです。これは、名前、役職（肩書）などはもちろんですが、その人が交渉の中でどのような役割を果たすのかがポイントになります。民営化反対を先頭に立って主張する、交渉相手と協調路線を取ろうとする、

交渉を俯瞰していてあまり主張しないなど、「誰が、どのようなスタンス」にいるかを見極める必要があります。

交渉が妥結するためには、誰を納得させれば良いのか、キーパーソンを把握しておくのです。例えば、保護者会の会長は形式的には保護者会の代表ですが、実質的に保護者を仕切っている人は別ということもあります。こうした時は、会長を立てつつ、キーパーソンをいかにおさえるかが大事になってきます。

第2段階は、交渉がなかなか進展しない膠着期です。この時は、とにかくお互いの主張をぶつけ合うことに時間を費やすことになります。あまりに両者の主張が違うと、交渉決裂になってしまいますので、「つかず、離れず」の状態を維持していくことになります。そして、同時に論点を1つずつ、つぶしていくのです。

この第2段階が、一番厳しい時期です。なかなか解決の糸口が見えないと、「もう、いいや」と交渉メンバーから抜けていく人も出てきます。しかし、交渉相手が保護者会であれば、あくまで「保護者の意見を集約する組織」という位置づけを保ってもらう必要があります。このため、交渉する組織として崩壊しないように注意します。また、この時には、交渉における論点を明確にしておくことも求められます。「何を解決すれば、この交渉が終わるのか」をお互いが確認しておくのです。

なお、この時期になると、お互いのことがわかってきますので、何となく感情的な結びつきが生まれることもあります。全く両者の主張が噛み合わなくても、何度も顔をあわせるうちに、挨拶や雑談を交わす関係になってきます。そうすると、両者の関係に微妙な変化も生まれてきます。ただ、対立するだけの関係から、話ができる関係になってくるのです。

第3段階は、交渉の終わりが見えてくる終息期です。いよいよ、交渉がまとまる時期です。この段階に入るためには、ほぼ論点が整理されていることと、交渉メンバー間で個人的な結びつきが生まれていることが必須なように思います。もし、それらができていないのであれば、第3段階に入らずに交渉は決裂しています。

この段階では、両者がいかにメンツを保った上で、交渉を終わらせることができるかがポイントになります。例えば、保育園の民営化であれば、自治体は「民営化できた」の1点だけが達成できれば十分です。保護者からすると、「民営化にあたって、保護者からの注文を自治体側に受け入れさせた」などが到達点かもしれません。

当初の両者の主張が180度異なる場合、どちらか一方が完全勝利の結論となってしまっては、反対側の当事者に禍根を残してしまいます。これは、後々にまた新たな火種を生んでしまうことになるので、長期的に見れば良い交渉とは言えなくなってしまいます。お互いが、「やれることはやった」と納得感を持って、交渉を終了することが大事なように思います。

こうした交渉は本当に疲れますし、途中で投げ出したくなります。実際に、保育園の民営化の際には、メンタルに問題を抱えてしまった職員も出ました。また、議員も巻き込んで政治問題化してしまったり、他の業務に支障が出てしまったりしました。このため、保護者側はもちろんですが、自治体側のダメージも大きなものがあったのです。

ビジネスシーンでも、こうしたハードな交渉が避けられないことがあると思います。しかし、こうした時は腹を括って、長期戦の備えをするしかありません。そして、1回1回の交渉ではなかなか出口が見えなくても、「いつか終わるはず」と信じて対応するしかないと思うのですが、いかがでしょうか。

交渉させないための技術

前項で、長期戦の交渉における各段階について述べました。しかし、そもそもこうした交渉をしなくても済むことが最良のはずです。誰も、精神的に大きなダメージを受けるようなことはしたくないからです。では、このような交渉に持ち込まないためには、どのような方法が効果的なのでしょうか。これまでの反省と経験を踏まえて、整理してみたいと思います。

第一に、関係者への十分な情報提供です。保育園民営化の例では、市が何の事前説明もしないまま、保護者に一方的に民営化を周知したことが混乱の原因でした。対外的に発表する前に、懇談会を開いて保護者の意見を聞いていたら、保護者の反応も少しは違っていたかもしれません。

保護者への事前調整がなかったことで、「保育園民営化の是非」よりも、「自治体の一方的な発表」という手続き論が新たな問題となってしまったのです。つまり、本来の交渉の内容ではなく、手続きの問題がクローズアップされてしまいました。これは、交渉を長引かせる大きな要因の1つとなりました。

例えば、自治体で不祥事が発生したとします。こうした時、「議員にいつ知らせるのか」は大事な問題です。もし、マスコミへの発表後に議員がそのことを知ることになると、「なぜ、そのような大事な問題を、マスコミへの発表の前に知らせないのか」などと言われてしまうのです。こうなると、後に議会側が正式に行政側に申し入れを行うなど、後々厄介なことになってしまいます。このため、「いつ」、「誰に」、「何を」知らせるのかは、十分に注意する必要があります。

第二に、キーパーソンへの根回しです。例えば、施設を廃止するような場合、その地域の町会長への事前説明が必須です。その時に、町会長に説明すると、いろいろな情報を得ることができたり、今後の対応について一緒に考えてくれたりします。「確かにあの施設の利用者は少ないが、長年利用しているグループがいるので配慮が必要だ」、「まず、廃止後の代替案を準備した上で、そのグループの代表者に説明した方が良い」などです。

また、町会長は、その地域の取りまとめ役として影響力があります。このため、仮に町会長本人が施設廃止に反対であれば、対外的に発表する前に、何らかの対応をしておく必要があるかもしれません。そうすると、当初に役所が思い描いていた方針を見直すこともあります。

ちなみに、誰がキーパーソンなのかが、当初わからないこともあります。町会長や議員などと接触する中で、関係団体などに新たなキーパーソンが見つかることもあるので、注意が必要です。大事なキーパーソンへの根回しを忘れてしまうと、「自分は聞いていない」とゴネられ、交渉が長引いてしまうからです。

第三に、そもそも交渉にならなくて済むような仕組みや制度を設計することです。例えば、保育園民営化であれば、民営化する時期を数年後に設定します。そうすると、現在の園児たちはすべて卒園してしまうので、影響は全く受けません。また、今後入園する園児は、民営化されることを承知の上で入園するので、民営化には反対しないわけです。

また、ある自治体では、議員からの要望等は上司に報告するとともに、情報公開の対象にするようなルールを持っています。このルールがあるおかげで、議員との交渉を避けることができますし、エゴに近いような要求を抑止することもできます。

このように考えると、「そもそも交渉の必要はなかったのでは」とか「もっと楽な交渉になったはず」と思い当たることがいくつかあります。しかし、実際には、事前周知や根回しが不十分だったせいで問題が大きくなってしまい、関係団体と交渉せざるを得なくなることがあったのです。「あの時、もう少し気を遣っていてくれたなら、こんな苦労をすることはなかったのに」と後任者が嘆くことになるわけです。

ビジネス上の、契約などの案件では、対外的な交渉を避けるのは難しいかもしれません。しかし、相手が他部署、上司、部下などであれば、わざわざ大げさな交渉にならずに済むことがあるはずです。官民問わず、事前の根回しなどで交渉を避けられる可能性は十分あると思うのですが……。

悪用厳禁! 公務員を困らせる交渉テクニック

これまで述べてきたように、今まで様々な交渉を行ってきました。公務員の場合、一般のビジネスパーソンのように、「交渉術が身についた」とか「交渉がうまくなった」というように意識することはあまりないと思います。それでも、知らないうちにそうした交渉のテクニックを身につけている公務員も多いと思います。

これまでに、私自身もいろいろな経験をする中で、「なるほど、今考えれば、あれは相手方の交渉テクニックだったのかも」と感じるものがいくつかありました。これらは、自分が使ったものではなく、そのテクニックを見せつけられたものです。それらをご紹介したいと思います。

第一に、感情的になることです。これは、まさに保育園民営化時の保護者です。「保育園の職員が全員入れ替わるなんて、子供にどんな影響を与えるのか、理解しているのですか!」、「もし、子供の心に傷が残ったら、責任を取ってくれるんですか」など、女性の保護者が、泣きながら私たちに訴えてくることは、一度や二度ではありませんでした。

一人の保護者が泣き出すと、他の保護者にも伝わって、説明会会場で多くの人が泣き崩れてしまうということがおきます。そうなると、なかなか役所側から声を掛けるのが難しくなります。特に、当時の役所の出席者はほとんど男性で、反対に保護者は女性中心だったので、表面的には「女性を泣かせている男性」のように見えて、非常に気まずい雰囲気になりました。また、保護者側にも少数の男性がいたのですが、その中の一人が非常に感情的になる方でした。いつも怒っていて、非常に激しい言葉で役所を責め立てるのです。まさに罵詈雑言でした。

しかし、今考えるとこうした感情的な様子は、役所を追及する上では非常に効果的だったように思います（当時は、とてもそんなことを思いつく余裕はありませんでしたが）。いつも役所側の人間は、これらの様子に右往左往させられていたからです。特に、多くの女性が泣いてしまうと、庶民をいじめる悪代官のようなシーンになります。

第二に、交渉決裂を装うことです。これも保護者から言われたものです。「このように、私たちは誠実に話し合いをしているのに、役所側からは何の歩み寄りもない。これでは、話し合ってもムダで、意味がない。それならば、もう説明会は中止してほしい」のように、交渉決裂を匂わすのです。

しかも、「説明会が中止になった場合、その責任はすべて役所側にある。なぜなら、私たちが話し合いを求めているにもかかわらず、役所が応じないからだ」などと、責任をこちらに持たせようとするのです。これは、よく考えれば上手な問題のすり替えなのですが、やはり当時は気が付きませんでした。

役所側が自ら「交渉決裂だ」などと言うことなど、あるはずがありません。住民の意向を無視して、交渉の場から去るなんてことは、基本的にはないのです（暴力などがあれば、別ですが）。このように「住民の意向を無視する、勝手な役所」というイメージを演出することで、自分たちに有利な方向に行かせようとするわけです。ここでも、役所が悪者に仕立てられます。

第三に、とにかく数で圧倒することです。皆さんもテレビなどで見たことがあると思うのですが、例えば、清掃工場のような迷惑施設と言われる施設の建設にあたって、住民説明会を開催したとします。この場合、できるだけ多くの反対派を集めるのです。そして、反対自治体側が何か説明しても、野次や怒号で、まともに説明させないのです。反対に、反対派の代表者が意見を述べる場合には、「そのとおり！」と応援や拍手をして加勢します。

参加する反対派の人数は多ければ多いほど、その威力は大きくなります。言い方は悪いのですが、野次などは順番で別の人が行えば良いので、反対派の1人当たりの労力は少なくて済むのです。反対に、出席している自治体の職員数は限られていますので、確実に疲弊していきます。

このように、公務員を対象とする交渉には、様々なテクニックが用いられます。私がこれまで交渉してきた人たちが、こうしたことを意識していたのかどうかは、わかりません。もしかしたら、無意識に行っていたのかもしれませんし、結果的にそのようになったのかもしれません。いずれにしても、交渉に対して影響を与えたことは間違いありません。

一般的なビジネスの場面に照らし合わせると、活用できないものもありますが、応用できるものもあるかと思います。また、実際にテクニックを駆使して、それが結果に効果的に働くのかもよくわかりません。ただ、これらのテクニックを使うと、交渉の結果だけでなく、後々の人間関係にも影響が出るような……。

令和　年　月　日

第４章

受付事務所

モンスタークレーマーにも負けない公務員の「反論術」

段階的に対応する人を変えて、相手の気力を削ぐ

公務員が反論する場面は、いろいろとあります。一般的なビジネスパーソンと同様に、対内的な上司、部下、同僚、職員団体はもちろんのこと、対外的にも住民、議員、他の行政機関、NPOや住民グループなどの各種団体など、本当に様々です。この中で、最も気を遣う相手の1つが、やはり住民です。

皆さんもご承知かもしれませんが、自治体では窓口を始めとして、住民とのトラブルは少なくありません。この理由は大きく2つに分けることができ、1つは自治体側に問題がある場合です。職員の態度が横柄、説明が不十分、電話応対が悪いなどの、職員に関するものの他、待ち時間が長すぎる、たらいまわしにされた、申請書の記入方法が難しいなど、原因はいろいろとあります（関係者の一人として、お詫び申し上げます）。

もう1つは、住民の方に問題がある場合です。法令等で決まっているのに無理強いをする、申請期限が過ぎている手続きを要求する、落ちた保育園に入園させろと言うなど、こちらも理由は様々です。

いずれにしても、窓口などでトラブルが発生した時には、腰を据えて対応することが求められます。心のこもってない謝罪や、中途半端な対応は、かえって事態を悪化させてしまうのです。ある程度の経験を積んだ職員であれば、経験上、そのことを嫌というほどわかっています。もちろん、職員の説明で理解してくれれば良いのですが、クレーマーとなった場合には、組織的に対応することが必要です。この場合には、いくつかの段階があります。

第1段階は、一般職員である主任などの担当者が対応します。まず、トラブルの発端となった当事者が謝罪したり、説明したりするわけです。しかし、クレーマーの場合、これで納得することはありません。大声で叫んだり、文句を言ったりします。

対応している主任なども、こうした時にはじっくり相手をするしかありません。若くて経験の少ない職員であれば、逃げ出したくなります。その気持ちも十分わかるのですが、それでは「トラブルがあると、逃げ出してしまう職員だ」と後で言われてしまうのです。このため、職員は対応せざるを得ないのです。

ここである程度の時間が経過すると、「このクレーマーは、このままでは帰らないな」ということがわかってきます。そして、同じようなやり取りが繰り返される膠着段階に入ってくると、次の段階を迎えます。

第2段階は、主任などの上司である係長の出番です。ある程度の経験を積んでいる係長であれば、窓口でもめている様子を把握していますから、「そろそろ潮時かな」と思われる時に、「お客様、どうしましたか」と出ていきます。こうした時、クレーマーはだいたい興奮していますので、これまでの事情を自分視点で話してくれます。

係長は、「それは、○○ということですか?」、「職員が△△と説明したのですか」と事実を確認しながら、相手をクールダウンさせようとします。また、「どのように説明したの?」と同席している主任などにも確認します。もちろん、そこで職員に落ち度があることが判明することもあります。そんな時は、係長が謝罪して一件落着となります。

しかし、クレーマーであれば、だいたいは住民側が無理を言っていますので、「それはできないですね」と、相手の怒りを再燃させるような言葉をかけざるを得なくなります。すると、当然のことながら、クレーマーの心に火がつきます。そして、やはり、同じようなやり取りが繰り返される膠着状態になると、次の段階を迎えます。

第3段階は、課長の出番です。係長で手に負えなくなると、係長が課長のところへ行って、「すみませんが、窓口でトラブルになってしまいました。お客様の話を聞いてもらっても、よろしいですか」と課長の登場を願いでます。

もちろん、「そっちで、何とかやってよ」と嫌がる課長もいるのですが、トラブル経験が豊富な課長であれば、「仕方ないな」と出てきてくれます。そして、係長の時と同じように、「お客様、どうしましたか」と聞きます。

さすがに、クレーマーも疲れてきているので、「そいつに話を聞け」と職員を指名します。しかし、クレーマーの気力を削ぐことが大事な目的ですので、「いえいえ、私も初めて事情をお聞きしますので、お客様からお話し願います」などと言って、無理やり話をさせます。こうなると、さすがのクレーマーも嫌になってきます。

このように、役所では組織的・段階的にクレーマーに対応します。そして、相手の気力を削いでいくわけです。もし、最初から課長が出ていってしまうと、後がいなくなってしまうので、手数が減ってしまうのです。これは、民間企業でも使えると思うのですが、いかがでしょうか（どこで使えるのかは、よくわかりませんが……）。

「ガス抜き」と「主張の確認」をしてから、反論する

前項のようなクレーマーに対して、「とにかく説得しよう」と相手の話が終わらないうちに、話を始めようとする職員がいます。若くて正義感の強い職員の場合、「こちらは間違っていない」と信じ込んでいることがあり、クレーマーに負けず劣らずヒートアップしてしまい、何とか論破しようとします。しかし、それは逆効果です。

そもそも、クレーマー本人が話を聞く態勢ではありません。まだ興奮状態なので、こちらが何を話しても無駄なのです。このため、ただ聞いているしかありません。しかし、何の反応もしないと、「俺の話をちゃんと聞いているのか！」と、これまた火に油を注ぐことになります。このため、時折頷いたり、「それは違います」などの簡単な返事をしたりして、嵐が過ぎ去るのを待ちます。とにかく、言いたいことを言ってもらいます。

相手にガス抜きさせることは、非常に重要なのです。相手が100％のMAXの興奮状態で話し続けているのなら、こちらから何を言っても無駄です。とにかく話を聞く態勢になるまで、相手側のパーセンテージを下げなければなりません。こちらが、何かを言い返

すと、また興奮度が高まることもありますが、そうした上下を繰り返して、相手が話を聞く態勢となるまで、ガス抜きさせる必要があります。

そして、ある程度のガス抜きが終わり、相手に少しでも聞く態勢ができれば、次に、相手の主張を確認します。相手が何を主張しているのか、客観的に把握するのです。また、この段階では自分の意見は言いません。

「○○さんは、私の説明が前回の内容と異なっている、とおっしゃるのですね」、「申請期限を過ぎていても、役所は申請を受け付けるべきだとおっしゃるのですね」など、本人の主張を整理します。これは、もちろん後で反論するための準備です。理不尽な内容であれば、それを取り上げて、後で追及できるからです。

こうした主張の確認を行うことで、相手自身に主張を整理してもらいます。クレーマー本人が、「この主張ではまずい」と気付くこともあります。そうすると、相手がトーンダウンしたり、主張をすり替えたりしてきます。そうしたことも、こちらでチェックしておき、反論の材料にします。

そして、いよいよ反論を開始する段階に入るのです。もう相手の主張は明確になり、また、反論材料は揃っていますので、それを相手にぶつけていくわけです。「法令で決まっていることを変更することは、できませんよね」、「先程、○○とおっしゃいましたが、今は△△とおっしゃっています。おかしくありませんか」と少しずつ外堀を埋めていきます。

ちなみに、クレーマーの主張や対応には、いくつかのお決まりのパターンがあります。

例えば、「先日は、職員が○○だと説明したのに、今日は△△と言う。おかしいじゃないか！」などのようなクレームがあります。しかし、先日の職員とは、誰なのかわからず、調べようもないこともあります。このような時は、「『言った、言わない』を今ここで話しても、どうしようもないじゃないですか」のように、相手に無益であることを知らせて、主張を切り崩していきます。

また、法令の枠を超えた要求については、「お気持ちはわかるのですが、公務員ですので、法令違反はできないのです」と言うこともあります。公務員ならではのフレーズを持ってきて、相手をあきらめさせようとするのです。日本人特有の説得方法である、「これについては、皆さん、このようにされています」と同調圧力を持ち出すこともあります。

さらに、職員とクレーマーとの間で同じ話を何回も繰り返しており、一向にらちが明かないことがあります。こうした時に、「もうこれ以上、お話しすることはありません」と職員が話を切り上げようとします。その際、クレーマーから「俺は、市民だぞ。公務員のくせに、市民の言うことが聞けないのか」などと、言ってくることがあります。そのような時には、「あなた一人が市民ではありません。あなたのお話は、もう十分にお聞きしました」と言って、席を立ってしまいます。

なお、相手の主張にも一定の理屈があるような時もあります。こうした時も、相手の主張は横に置いておき、「○○さんは、そうおっしゃいますが、市としては△△としか言えません」のように、こちらの理屈をただひたすら繰り返し、相手の理屈には乗らないという方法もあります。

反論する際には、こちらの論旨がブレてしまうと相手につけいるスキを与えてしまいます。何を言われても、同じことを繰り返して、こちらの正当性を訴えるしかありません。また、相手がもう一度ヒートアップしてくる可能性もありますが、それは耐えるほかありません。場合によっては、担当者と係長などの複数で対応して、人数的には有利な立場になることも、1つの方法です。

こうした例は、一般のビジネスではあまり応用できるものではないかもしれませんが、先のような「こう言われたら、こう切り返せ」という反論のフレーズを共有しておくと、意外に便利だと思うのですが、いかがでしょうか。

モンスタークレーマーへの反論法

これまで述べた役所のクレーマー対応でも、まだ収まらないことも実際にありました。その例をいくつかご紹介したいと思います。

まず、しつこくクレームを繰り返し、何度同じことを説明しても、窓口で騒いでいるような場合です。この時、まだ話せば理解してくれそうな可能性がある場合は、別室に場所を移すことがあります。例えば、部長などの、さらに上の役職者が出て、説明するのです。窓口の担当者では納得しないものの、管理職などが出れば、「上の者が出てきた」ということで、収まることもあります。また、別室に案内されたということで、それなりの対応をされたと感じる方もいるようです。

ただし、よく「お前じゃ話にならない。上の者を出せ」というクレーマーがいますが、そういう場合に、本当に上の人間が出るかどうかはケースバイケースです。多くの場合は、課長などが出ても収まらないので、係長などが「私が責任をもって対応させていただきます」と粘ることとなります。また、「上の者を出せ」と言われて、すべてに課長などの役職者が対応していたら、体がいくつあってもたりません。しかも、いつまで経っても一般の職員にクレーマー対応力が身につかないので、職員育成上の観点からも望ましくないのです。

時折、「もう、ここでは話にならない！」などと言って、市長室に怒鳴り込むクレーマーもいます。こうした場合、秘書担当から担当部署の職員が呼び出されて、クレーマーを引き取りに行かされます（日頃、「市民の皆様の声をよく聞いて、行政に反映します」と訴える市長なのですが、こうした時には市民の声を聞かないみたいで、職員としては残念に思うのですが）。なお、混雑する窓口とは異なり、静かな市長室周辺で大声で怒鳴っているクレーマーもたまに見かけます。この段階になると、もはやクレーマーには周囲の目は気にならないようです。

ちなみに、現在、公務員にとって「いかにクレーマーに対応できるか」は大事なスキルになっています。どんな職員であっても、公務員人生で一度もクレーマーに会わないということは、まずないでしょう。また、クレーマー対応で心を病んでしまう人も多く、休職や退職に追い込まれてしまう職員も少なくありません。このため、人事当局は、クレーマー対応研修や職員のメンタルヘルスにも力を入れています。

当然のことながら、窓口でのクレーマー対応は、職員に過重な負担がかかるだけでなく、他の住民にとっても迷惑なのです。例えば、婚姻届を提出しに来たカップルから見れば、「せっかくの日に、何をしてくれるんだ」と思ってしまうでしょう。しかし、そんな周囲への配慮など全く関係ないというクレーマーは存在するのです。

そして、こちらがいくら説明しても納得せずに、いつまで経っても帰らないケースがあります。このような時は、今度は庁舎管理担当の出番になります。一般的に自治体では、庁内管理規則のようなルールを持っています。その中の禁止行為として「けん騒にわたる行為等公務の円滑な遂行を妨げること」、「面会を強要し、又は乱暴な言動をすること」などが示されているのです。これを根拠にして、警備担当者などがクレーマーを追い出そうとします。

そして、それでも退去しない場合は、いよいよ警察に連絡することになります。業務に支障が出ているからです。また、いろいろと職員が対応するものの、業務時間を終了しても、まだ庁舎に居座るようなこともありますので、その時も警察を呼びます。さらに、物を投げたり、壊したりしても、すぐに110番することになります。

このように、しつこいクレーマーには、いろいろな方法で対応します。もちろん、言葉には言葉で反論するのですが、それで済まない場合は警察に頼ることも少なくありません。
また、その後、裁判になるようなこともありますので、現在では、自治体ではクレーマー対応に非常に気を遣っているのです。

民間企業などで、こうしたモンスタークレーマー対応があるのかはよくわかりません。しかし、もしそのような場面があるのなら、先のような自治体における対応も参考の1つにしていただければ幸いです（そのような場面がないことを、お祈りしますが）。

提案・意見をかわす反論法

これまでも述べたとおり、公務員は議会から様々な提案や意見を受けます。しかし、多方面との調整が必要な自治体では、それらに対して、すぐに「実施します」と答えることはできません。このため、どうしても提案・意見を上手にかわす反論法が求められます。

特に、議会の本会議や委員会などの公式の場面では、この反論の言い方が重要であって、議会答弁術として微妙な言い回しが求められるのです。では、実際に議員から提案や意見が出された場合に、どのようにかわしているのでしょうか。これらをいくつかご紹介したいと思います。

第一に、「検討します」です。これは、自治体としては実施の可能性が少しでもある場合に用いる答弁です（19ページの住民に対する検討とは使い方が異なります）。もちろん、提案や意見が、既に実施することが決まっている内容であれば、「実施します」と答えられるのですが、そうしたケースはほとんどありません。

このため、実質的には自治体としては最大限の前向きな答弁です。一般の方から見れば、

『検討します』が、前向きな答弁なの？」と不思議に思われるかもしれませんが、議員や経験の長い公務員であれば、誰しも納得するはずです。厳密にいえば、提案・意見をかわすということにはならないかもしれませんが、「実施します」と断定しない点では、やはり質問に対して直接答えてはいないのです。

ちなみに、議員としては、この「検討します」との答弁を得ることができたら、その後の議会において、その提案や意見について、「その後の検討状況はどうか」と追及することが可能となります。自治体は、その追及に備えて新たな答弁を準備しておかなければならないというルールがあります。

第二に、「研究します」です。これは「検討」よりも実現度が下がり、実現の可能性は未知数です。この「研究」は、提案や意見が新しいトレンドであったり、まだ自治体としては実現の判断がしにくかったりする場合に用います。ニュアンスとしては、「これから調べます」のような感じです。

あくまで「研究」なので、後日、議員から「その後、どうなったのか」との質問があった場合でも、「まだ研究しています」との答弁で構いません。議員もそれ以上は追及してきません（もし、まだ議員になったばかりで、このあたりのニュアンスを理解していない場合は、ベテラン議員に諫められます）。実質的には、提案・意見を棚上げするわけです。

第三に、「長期的な課題と認識しています」です。これは、簡単に言えば「確かに、その提案・意見もわかるけど、今すぐにやる必要はない」というようなニュアンスです。緊急性・重要性が低いため、やはり実現の可能性は低いのです。

先の「研究します」と異なるのは、質問する議員への配慮もあって、「長期的課題」と位置付けている点です。実質的な違いはほとんどないのですが、単に「研究する」のではなく、自治体としては「課題」と考えているという点が異なります。一般の方から見れば、ほとんど意味がないように思えるかもしれませんが、議会における答弁では、このように「誰の質問に、どのように答えるのか」はとても大事なのです。

以上が、議員からの提案・意見をかわす答弁です。おわかりいただけるかと思うのですが、これらは提案・意見を否定しているわけではありません。あくまで、受け止めた上で、かわしているわけです。このため、議員がさらに追及することがありません（「検討します」は別です）。

議員からすれば、自分が行った提案や意見が実現すれば、大きな成果となり、住民へアピールすることができます。そのため、時にはしつこく自治体に実現を求めてきます。しかし自治体も、何度も同じことを聞かれ、何度も同じように答弁するのは避けたいのです。このため、「研究します」のように問題を先送りするような答弁で、提案や意見を棚上げしておきたいのです。

また、棚上げでなく、「ご意見として承ります」、「それも考え方の1つと認識しております」など、提案や意見をスルーしてしまう方法もあります。これはその内容が、あまりにも突拍子もない場合などに使われます。どちらかというと、まともに取り上げていないという感じでしょうか。

こうした提案や意見をかわす反論法が、一般のビジネスパーソンに役立つのかは、よくわかりません。顧客からの「○○したらどうか」のような提案型のクレームや苦情であれば、それをかわす方法として使えるかもしれません（かなりニッチなことですが）。

提案・意見を否定する反論法

前項では提案・意見をかわすための反論法をご紹介しましたが、ここでは、提案・意見を否定する反論法です。議員からの提案・意見に対して、「それはできません」と断るための答弁術をご紹介したいと思います。

ちなみに、なぜ「かわす」と「否定する」の区別が必要なのか、おわかりでしょうか。それは、首長の政策に反対する野党議員に対しては、しっかりと否定の意思表示をする必要があるためです。首長と対立関係にある議員に対しては、はっきりと「それはダメだ」と否定する態度を示すことが求められるのです。

もちろん、首長を支える与党議員であっても、荒唐無稽の提案だったり、実現可能性ゼロの意見であったりすれば、否定する答弁をすることもあります。しかし、やはり否定するのは、野党議員への答弁が多くなります。これらをいくつかご紹介したいと思います。

第一に、「財政状況が厳しい中、実施は困難です」です。これは、優先度や緊急度が低い、もしくは全くない、夢物語のような提案・意見などの場合に用います。

そもそも「自治体の財政状況が良い」などと、市自らが言うことはありません（「それならば、税金下げろ」と住民から言われてしまいます）。このため、議員からの提案や意見に対して「財政が厳しいので、できません」と断るのは定番です。

裏を返せば、本当に大事な事業であれば、財政状況が厳しくても実施します。それだけ、緊急性・重要性があることの証です。しかし、そうした事業でなければ、財政を理由に断っても構わないのです。

第二に、「ご指摘はあたらないものと認識しております」です。これは、議員が提案や意見の根拠として提示する内容を否定してしまうものです。例えば、「現在、新型コロナウイルス感染症の影響で収入減となって、家計は大きな打撃を受けている。このために、市独自で市民1人に10万円の支援金を給付すべきだ」のような提案があったとします。

この場合、「新型コロナウイルス感染症の影響で収入減」とはなっていないデータなどを示すわけです。そうすると、議員の「市民1人に10万円の支援金を給付」という理屈が崩れてしまいます。このため「ご指摘はあたらないものと認識しております」として、議員を論破するわけです。これで、議員の提案を否定することができます。

第三に、「一方で、課題もあります」です。これは、議員の提案や意見にそれなりの理由があり、自治体としても納得せざるを得ないものの、それでも否定しなければならない場合です。ニュアンスとしては、「確かに、言うことはわかる。しかし、それでは賛成かと言えば、そうではない。なぜなら、実施には○○や△△などの課題もあるからだ」のような感じです。

この課題としては、予算が必要、関係者との調整が不可欠などはもちろんのこと、実施してしまうと、反対に不利益を被る人がいる、市全体で考えるとサービス対象者のバランスを欠いている、なども考えられます。これらを示して、「だからできません」と言うわけです。

以上のように、提案・意見を否定する反論法にはいくつかのパターンがあります。先に述べたように、基本的には野党議員に対して使用することが多いので、はっきりと否定していることを、議会で傍聴をしている住民にもはっきりとわかるように伝えることが必要です。

ちなみに、皆さんもお感じになっているかもしれませんが、公務員は「断る理由」、「できない理由」を並べるのが得意です。以前に部署間での仕事の押し付け合いでもご紹介したとおり、いかに「自分のところに害が及ばないようにするか」に敏感なのです。このため、円滑に業務を進めるためには、公務員にとっては日頃の人間関係がとても大事になってきます。真正面から依頼すると断られてしまうことであっても、日頃から人付き合いを良くしておけば、「○○君が言うなら仕方ないか」と融通を利かせてくれることもあるからです。

ところで、先の「提案・意見を否定する反論法」は、公務員特有であって、なかなかビジネスで活用できる場面はないかもしれません。あまりに断ってばかりいては、上司から仕事を振られなくなってしまい、いずれ職場で浮いてしまうかもしれません。もし活用できる場面があるとしたら、やはり社内における仕事の押し付け合いなどでしょうか。

困った「お偉いさん」への反論法

公務員は日々、議員という「お偉いさん」とのつきあいを迫られますが、そこで得られる経験知はお役所の外でも応用できるはずです。

議会の本会議や委員会では、議員の質問に対して自治体の見解を述べることになります。それは自治体における公の見解ですので、その言葉遣いには非常に気を遣うことになります。このため、議会答弁術があるのです。しかし、議員との付き合いは、こうした公の場だけではありません。

自治体の管理職は、議員から呼び出しを受けることがあります。そうした時、議員のいる控室や会議室で、個人的に議員と話し合うことになるわけです。議員の呼び出しは、支持者や関係団体などに依頼されたことの伝達、次回の議会で質問しようと思っている内容の確認、資料要求、業者の紹介、単なる自慢話の披露など、本当に様々です。

そうした中で、困った依頼もあります。公の場でないだけに、余計に上手に反論していく必要があるからです。そうした例をご紹介したいと思います。

第一に、エゴをごり押しするケースです。例えば、保育園に入園できなかった保護者からの依頼で、議員が何とか入園させようとすることがあります。保育園入園にあたっては、保護者の状況などの複数の項目を点数化して、決定します。このため、基本的には客観的に判断されますので、職員が操作する余地はないのです。

このため、こうした時には「後々、不正がばれると、大変なことになりますよ」と言って押し戻します。入園後に、保護者同士で「なぜ、あの家庭の状況で入園できたのか」などと噂になれば、落ちた保護者などが情報公開請求をして、内容を確かめようとするからです。

仮に、その中で議員の無理強いや自治体の操作が判明すれば、両者ともに一発アウトです。さすがの議員も、自分の身分を捨ててまで頑張る理由はありません。このため、先のように反論すれば、だいたいは納得してくれます。

第二に、自分だけ特別扱いをするように求めてくるような場合です。例えば、行政が議員に情報提供する場合には、基本的には議員全員に一斉に行います。それは、不公平を生じさせないためです。提供する内容は、新規事業の内容、イベントの開催、職員不祥事の報告など、いろいろあります。

仮に、来年度の予算案に、今まで空き地となっていた市有地に公園を新設することが掲載されていたとします。こうした際、その空き地のある地区を地盤としている議員としては、一刻も早くその情報を得て、地元の住民に対して、そのことを伝えたいのです。なぜなら、こうした空き地の活用については、住民から様々な要望があり、議員はそれをこれまでに行政に伝えていることが一般的だからです。そして、もし、長年、議員がその公園新設の要望を行政側に伝え続けていて、それが実現したとなると、議員は自分の成果としてアピールしたいわけです。

しかし、特定の議員にのみ情報を漏らすのは、行政としてはご法度です。そのため、「役人ですので、さすがにルール違反はできません」と、あくまで公務員の立場を強調して、理解してもらいます。また、「それに、他の議員の方がこのことを知ったら、大変なことになりますよ」と付け加えることもあります。

第三に、時代錯誤的な依頼です。さすがに、今は少なくなりましたが、以前は女性の管理職に「今度、個人的に飲みに行こう」と手を握ったり、「課長は、結婚しているの」と聞いたりすることがありました（今でもあるとか、ないとか……）。また、議員という立場を笠に着て、威圧的な言動や行動をする人もいました。

現在であれば、「それ、パワハラ（セクハラ）じゃないですか」と真顔で一言発するだけで、だいたいは収まるはずです。しかし、やはり現在でも女性職員にお酌を強要したなどの報道がありますので、全くないわけではないようです。

ちなみに、議員自身も住民からパワハラ・セクハラを受けることも多いようです。特に、女性議員へのセクハラは多いそうで、それが女性の立候補を妨げる大きな原因にもなっているようです。

議員と公務員との関係は特殊ですので、これを一般のビジネスシーンに応用するのは難しいかもしれません。強いて言うならば、無理難題を押し付けてくる上司、取引先、親会社というところでしょうか。なお、パワハラ（セクハラ）が住民↓議員↓公務員と連鎖していたとしても、公務員が住民にすることはありませんのでご安心ください（多分、ですが）。

赤ペン上司への対応

一般のビジネスパーソンと同様に、公務員が頭を悩ませるものの中で大きなウエイトを占めているものは人間関係です。特に、上司への悩みは大きいものがあります。良い上司であれば、ハードな仕事であっても頑張って乗り切ろうと思いますが、嫌な上司であれば、好きな業務であっても、一気にやる気を失ってしまいます。また、職場に悪影響を与える上司に対しては、職場で生き残っていくために、部下としても反論していかなければなりません。

これまでの長い公務員経験の中でも「さすがに、この人は……」という人を私も何人も見てきました。その中でも、公務員らしい特色を持った人をこれからご紹介したいと思います。

まずは、赤ペン上司です。この人は、とにかく部下の作成した資料を細かく添削する人でした。当時、彼は係長で、私は主任という立場。部下である自分が、何かの資料を作成すると、その資料に事細かく赤ペンで修正してくるわけです。それは、いわゆる「てにをは」から始まり、言い回しや用語など、つまり文章全体です。この修正が「確かにその方がわかりやすい」と納得できるものであれば良いのですが、そのような修正ではなく、枝葉末節に関わることでした。

言い方は悪いのですが、単なるその人の趣味とか、好き嫌いのような範疇なのです。このため、修正されても納得できず、「別に、元の表現でも良くありませんか」と言うのですが、「いや、こちらの方が良い」と言って、全く譲る気配はありません。上司ですから、指示には従わざるを得ないのです。そうした態度は、自分だけでなく、同じ係の他の職員に対しても同様で、これがある意味では彼の仕事のスタイルだったと思うのです。

内容が理解しやすくなる、表現がわかりやすくなったという修正なら、まだ理解できます。しかし、そうしたものとは無関係ですので、何のために修正するのか意味がわかりませんでした。なぜなら、こうして係長の赤ペンチェックを終えた資料を課長が見て、「わかりにくい！」と注意されることが頻繁にあったからです。このため、次第に私も含めて部下は、何のために修正しているのか意味を見出せず、皆やる気を失っていったのです。

このままでは、さすがにまずいと思って、ある日、係長を会議室に呼びました。そして、「仕事がやりにくくて困っている」という話を淡々と説明しました。その時、彼は怒るでもなく、落ち込むわけでもなく、「そうなんだね。わかった。これからは注意するよ」と爽やかに言ってくれたのです。「良かった、理解してくれた。これで仕事がやりやすくなる」と思ったのも束の間、彼の仕事のやり方は全く変わりませんでした。言っても何も変わらなかったのです。

しかし、このままでは事態は変わりませんので、係内の他の職員にも話して、相談しました。会議室で話をしたことも説明した上で、いろいろと話し合った結果、「結局、係長に何を話しても無駄。このまま放置するしかない」との結論に達しました。実は、係長の上司である課長に相談するという案も出たのですが、この課長も課長で問題ある人だったので、一瞬で廃案になりました（係長も課長も問題ある人で、よく職場が成り立っているなと思った読者の方はさすがです）。

その結果、どのようになったのかと言えば、部下はある程度の資料を作ったら、すぐに係長に渡すようになりました。そして、あとは単に指示されたことを、そのまま機械的に修正するようにしていったのです。部下の方で考えても、それだけ労力と時間が無駄になってしまいます。このため、ある意味ではすべて係長に任せてしまうことになったのです。

これにより、部下は定時で帰ることができ、係長はいつも残業している状態になりました。しかし、それで当の係長本人は満足しているようでした。それは、「やはり自分は仕事ができる。部下は当てにならない」という思いがあったからだと思います。なぜなら、定時帰庁する部下に対して全く嫌な顔をせず、かえって生き生きと残業をしていたからです。

今思うと、その係長は部下に仕事をさせる意識がなく、「自分は頑張っている」という思いが強かったのかもしれません。結果的には、部下たちが係長に仕事をさせてあげているような形になりました。もちろん、それは部下としても楽なのですが、仕事をしている手応えも全くなく、「あの時は、何だったんだろう」と今でも考えてしまいます。

民間企業などでは、「部下の成果を取り上げて、上司が自分の成果にしてしまう」という話はよく聞きますが、これとも少し異なるタイプです。上に認められるわけでもありませんので、結果的に自己満足のために仕事をしていたとしか思えないのですが、いかがでしょうか。

部下を守らない上司や、自分を良く見せたい上司への対応法

「できる上司は部下の仕事を減らし、できない上司は部下の仕事を増やす」と言われます。まさに、そのとおりだと思います。できる上司であれば、無駄な業務を部下にさせることはありません。しかし、できない上司は、余計な仕事も抱えてしまって、それを部下にさせるので、部下が疲弊してしまうのです。そんな人が上司になってしまった職場は、悲劇そのものです。

皆さんは、ピーターの法則をご存じでしょうか。これは、「組織人は有能であれば出世するが、それ以上の能力がなければ、そこの地位に留まる。つまり、どこの階層もいずれは無能な人で埋め尽くされる」という法則です。これは、役所経験が長い者ほど、深く頷いてしまう黄金ルールだと個人的には思っています。これにぴったりと該当すると言えるような、困った課長が自治体には存在します。

例えば、議員に萎縮してしまい、きちんと物が言えない人です。これまでも述べたよう

に、議員からは自治体職員に対して様々な依頼があります。簡単な資料要求であっても、もしその資料が存在しなければ、最初から作成することとなります。その場合、実際に資料を作成するのは部下であって、課長ではありません。この資料要求をそのまま受け入れれば、部下の仕事は1つ増えることになるのです。

もし、課長が「依頼された資料とは若干異なるのですが、この資料でもよろしいでしょうか」と言ってくれたとします。そうすると、議員も「まあ、これでも良いか」と納得してくれるかもしれません。そうすれば、余計な仕事をしなくて済むわけです。

しかし、「議員の先生には、逆らってはいけない」と課長が思い込んでいると、議員の言うことをすべて受け入れてしまいます。このため、部下の仕事は増える一方になります。しかも、課長自身は偉そうに「議員が言ったんだから、仕方ないだろ」と部下に命令するわけです。

このような時に、ベテラン係長が「課長、以前にもこのような依頼がありましたが、既存資料でご理解いただいたようですよ」などと反論すると、意外にその指示に従ってくれることもあります。部下は部下で、火の粉が降りかからないよう、やはり反論する方法を抱えているのです（ただ、ベテラン係長が嘘をついて、課長にふっかけていることもありますが)。

また、課長に昇任すると全く勉強しなくなる人も、困る課長の典型例です。昔は、仕事ができて優秀だった職員が、課長などのポストに就くと、そこに胡坐をかいてしまうのです。まさに、ピーターの法則のとおりです。

役所には定例的な業務も多いのですが、法改正や国からの通知などによって、頻繁にその内容が変わることがあります。しかし、そうしたことを知らずに、課長が自分自身の経験で「俺がこの業務をやっていた頃には、こうやっていた。だから、それで良いはずだ」と譲らないといった、厄介な事例が発生することがあります。

こうした時は、「この件は、今年、厚生労働省から通知が出されて、以前とは変わっています」というように、部下の方できちんと理論武装しておき、反論しなければなりません。住民に影響が出てしまい、後で問題になるからです。

もし、このような時に部下が「課長が言ったから」と安易にその指示に従ってしまうと、その後に困るのは部下本人です。間違った事務を行えば、当然、修正しなければならないからです。では、課長が責任を取ってくれるのかと言えば、もちろんそんなことはありません。ひどい場合には、課長は「お前が言ったから」と、あっさりと部下のせいにしたりします。このため、きちんと反論することは自分の身を守るためでもあるのです。

こうした課長は、とにかく自分を大きく見せたいという思いが人一倍強い気がします。中身がないので、部下と議論ができません。しかし、自分が馬鹿にされることはとにかく嫌がりますので、自分の地位を強調するために大きく見せようとするのです。不幸にも、こんな上司を持ってしまった部下は、きちんと自分自身で仕事を行う一方で、上司をなだめすかしながら、うまく扱うことが求められます。

今回取り上げた2人の課長の例は、少々極端かもしれませんが、一般のビジネス社会でも、上に反論できない上司、とにかく自分を大きく見せようとする上司はいるのではないでしょうか。公務員の場合、先のような課長であっても、部下が上手く立ち回れば、何とか組織としては機能していくことが可能です。それは、公務員には問題ある人が多く、職員が護身術を身につけておかないと生き残れない、というわけではないと思うのですが。

上司に反論するためのキラーフレーズ

上司に反論するためには、覚えておくと良いキラーフレーズが存在します。上司を言い負かしてやろうと考えるとなかなか大変ですが、日常会話の中であまり重々しくなく、明るい感じで使うと、嫌味に聞こえなくなります。長い公務員経験に照らし合わせてみると、案外、昔から聞いていたフレーズをいくつかご紹介したいと思います。

第一に、「以前から、この方法でやっています」です。これは、前例踏襲を重んじる公務員にとっては、なかなかインパクトがあります。例えば、新たに赴任してきた課長や係長が、これまでの慣例やルールに代わって、新しいことを実施しようとすることがあります。それが効果的であれば問題ないのですが、「ちょっと、それはどうなのかな？　やっても意味がないのでは」と思われるときに部下が発するフレーズです。

「いや、それでもやる」という頑固な上司もいますが、このフレーズで意外に、引き下がることもあります。そもそも、これまでの方法に何か問題がある、新しい方法に大きなメリットがある、ということがなければ、変更するのはただ手間だけかかって、意味がないことが多いのです。上司の思いつきは、場合によっては職場に混乱と悲劇をもたらすだけということがありますので、注意しなければなりません。

第二に、「市長は○○とおっしゃっていました」です。これは、まさに虎の威を借る狐タイプです。当然のことですが、上司が自治体のトップである市長の意向を無視して何かを行うということは、まずありません。このフレーズは、上司が暴走している時、部下たちの意向が無視される時、上司が独善的になっているような時、などに活用できます。本当に市長の指示を忘れている時にも、もちろん活用できます（新型コロナウイルスで自粛中に、飲みに行こうと言うなど）。

この「○○」に入れる言葉として何が適切なのかは、難しいところです。例えば、上司がとにかく前例踏襲だけで、何か新しいことを始めようとする部下の提案をことごとくつぶそうとすることがあります。このような時、「市長は、職員の創意工夫に期待するとおっしゃっていました」のように使えば、上司も少しは考え直すかもしれません。ちなみに、「えっ、市長はそんなこと言っていた？」と、かえって部下たちを唖然とさせる、うっかり者の上司も実在しますが。

第三に、「議会から質問されたら、どうしますか」です。自治体が事業を実施するにあたり、議会はそのチェックをする役割を担っています。管理職は、常に議員の目を気にしているわけです。この心理を上手く活用するのです。

例えば、住民に対して誤った税額を通知してしまった、本来通知すべき住民とは別の住民に文書を送付してしまった、などのミスが発生することがあります。こうした場合、一般的には自治体としてマスコミにも発表して、謝罪しなければなりません。しかし、それを嫌がって、上司がそのミスを隠蔽しようとすることがあります。関係者だけに謝罪して、公にしようとしないわけです。ですが、これは部下にとっても危険なのです。いずればれてしまい、余計に大問題になってしまうからです。このため、それを恐れる部下が使うのです。管理職に対しては、このフレーズはかなり効果的です。

第四に、「首長に怒られますよ」です。冗談と思われるかもしれませんが、首長と話し合う機会の多い管理職は、直接、首長から怒られることがあります。口の悪い首長の場合は、罵声に近いようなこともあり、それを管理職は恐れているのです（時折、録音された音声がマスコミ報道されたりします）。

公務員出身の首長であれば、公務員の事情を理解してくれることもあります。しかし、もともと政治家であるとか、議員出身の首長の場合には管理職に対して容赦なく怒ります。

このため、意外に恐怖に感じていることも少なくありません。「大の大人が、本当にそのように感じるの？」と思う方もいるかもしれませんが、民間企業でも社長に怒られることがあるのと同じです（テレビドラマなどで、土下座シーンがありますが）。

以上、上司に反論するためのキラーフレーズをご紹介しました。これらを知っておくことは、部下が上司と戦う武器として有効だと思います。実際に、これらのフレーズは庁内でもよく活用されていますし、それは上司に対する一定の歯止めになっているからです。一般のビジネスシーンでは、少し異なるフレーズになるのかもしれませんが、上司への反論術として十分使えると思うのですが。

やたら先輩面する同僚を撃退する

職場の人間関係で、同僚への対応も厄介な場合があります。同僚とは、組織で言えば、係長や課長といった上司ではなく、一般的な係員同士という関係を指します。こうした人の中にも、結構困った人は多いのです。特に、公務員の世界で多いのは、やたら先輩面する同僚です。

ここまで本書をお読みいただいた方は、既に十分お気づきかと思うのですが、公務員という仕事には独特のルールがあります。民間企業のビジネススキルには、おそらく全く関係のない（そして、全く役立たない）、議員との付き合い方、「等」の使い方、素案・案・成案の使い分けなど、様々です。本当に独特の公務員ワールドがあるのです。

しかし、そうした公務員ワールドを少しかじった先輩は、後輩である新人職員などに対して、これみよがしに教えようとします。やたら先輩面して、教えようとするのですが、その態度・姿勢が本当に厄介です。そんな彼（女）らの生態を明らかにして、その反論法を考えてみたいと思います。

まず、彼（女）らは自分が偉い、もしくは自分の方がよく知っているという、根拠のない自信を持っています。新人職員や異動したばかりの職員であれば、当然のことながら、まだ十分に知識がありません。このため、初めて資料作成などを行うと、「あ〜、○○君、ここは『等』が抜けているね。これは、大事なポイントだよ」などと押しつけがましく、教えてくるのです。

たった「等」の使い方1つで、そこまで偉そうに話されても、後輩職員も困るのですが、なぜか彼（女）らは、自信満々です。やはり、自分に自信がないコンプレックスの裏返しなのか、上から目線で話してくるのです。

また、彼（女）らは、そもそも薄い知識を振り回してきます。そのように偉そうに話すタイプは深く勉強していません。きちんと勉強している先輩などは、かえって懇切丁寧で低姿勢です。「僕は、この考え方で間違っていないと思う。でも、もし後で何かわかったら、僕にも教えてくれるかな」と謙虚《けんきょ》です。

しかし、彼（女）らの知識は薄っぺらいので、時折間違ったことを平気で教えてくれます。その癖、「これで間違いないから」などと言いながら、誤った内容を延々と説明してくれるのです。このため、途中で横にいる係長から「それ違うだろ」と注意されたりもします。

さらに、彼（女）らは、後輩からの質問に対応できません。そもそも薄い知識しかないのですから、これは当たり前のことです。しかし、それがバレてしまっては自分の恥になってしまいますので、独特のかわし方を持っています。

それは、「それ良い質問だね。でも、僕がそのまま答えてしまうと、○○君のためにならないから、まずは自分で調べてみて。それが、勉強になるから」と、もっともらしいことを言うのです。これで、また自分の地位を確保しようとします。そして、実際に後輩が調べた内容を話すと、「そうそう、そのとおり。僕が言いたかったことは、まさにそれだったんだ」などと宣います。

なお、この先輩面タイプには亜種が存在します。それは、法規担当一筋、福祉の専門職、人事担当○年など、まさにその道のプロと言われている職員です（本当のプロかどうかはかなり疑問です）。

こうした人たちの中にも、当然、謙虚な人もいるのですが、やはり上から目線の人もいます。これは知識があるだけに、かなり厄介です。彼（女）らに対応する職員は「それだけ経験や知識があるのだから、知っていて当たり前だろ」と思うのですが、その態度はかなり不遜です。十分に知らない職員に対して、マウンティングしてくるわけです。こうしたタイプには、なかなか上司も注意しにくいので、自治体の中では幅を利かせているのです。

以上が、先輩面する同僚です。もし、前者のような薄っぺらな知識しかないようであれば、知識でもって論破して駆逐《くちく》することも考えられます。また、論理的矛盾やいい加減な点を突いて、相手を黙らせるということも可能かもしれません。

ただ、後者の場合は、知識で対応するのは困難です。「○○さんて、本当によく知っていますね」と、適当に相手を持ち上げておいてやり過ごすのも1つの方法です。しかし、これはその姿勢を今後も続けなければならないので、忍耐力のある人に限ります。そのため、あくまで笑顔で「結構、上から目線でお話しされるのですね」とやさしくお伝えすることも一計かもしれません。もしくは、その場では我慢して、「○○さんて、感じ悪いですよね」と周囲の職員と分かち合うしかないかもしれません。

民間企業であっても、このような先輩面する同僚は案外多いのではないでしょうか。公務員の場合は、業務の特殊性や採用職種の関係もあり、企業よりも少々偏屈な人が多いような感じがします。ただ、こうした影響をすべて取り除くのは、官民問わず難しいと思うのですが、いかがでしょうか。

部下に反論するフレーズ

基本的に、公務員も年齢とともに昇任していきます。主任などでは、まだ部下がいませんが、係長や課長などになると、部下を持つことになります。そうすると、民間企業と同様に、部下を束ねながら業務を進めていくことが求められます。

しかし、これまで述べたように、一癖も二癖もある公務員です。人によっては、なんやかんやと言って仕事をさぼったり、いい加減にやったりします。そんなときは、部下といえども、締め上げなければなりません。また、仮に問題がなくても、部下に反論しなければいけない場合があります。こうした時に、公務員がよく使うフレーズをご紹介したいと思います。

第一に、「俺は、聞いてない」です。これは、事前調整や根回し不足の職員を追及するときに用いるフレーズです。例えば、新規事業について係内で検討していたとします。どうにか案としてまとまり、事業に関係する部署との役割分担や、財政当局との調整も終わり、何とか実現の可能性が見えてきました。そこで、予算要求のため、課長に説明することとなりました。その際、課長にこれまで経過報告をしてこなかったとします。それにもかかわらず、いきなり「この事業の実施にあたっては、関係する〇〇課でも役割分担について了承しています。また、財政課の感触も悪くありません。なので、やらせてください」と言ったら、課長は「これまでのことを、俺は何も聞いてない」と一蹴するでしょう。

他課との調整を行うのであれば、事前に課長への経過報告や、調整することの了承を得ておかなければなりません。それらを一切せずに、いきなり「既に調整は終わったので、この事業をやらせてください」では、課長も怒るはずです。また、もし他課の課長から、「そちらの係長から、〇〇という話が来ているけど……」などと言われても、「えっ、その話は知らないな」などと恥をかいてしまいます。

この「俺は、聞いてない」は、自分が蔑ろにされたことを伝えているわけです。課長としては、「俺に報告もなく、勝手に物事を進めて、何やっているんだ」と部下を責めるわけです。これは、確かに部下に非があります。

第二に、「だから、何?」です。これは、上司に報告する際に、結論を先に言わなかったり、要領を得ない話をしたりする部下に向けて発せられるフレーズです。上司は、基本的に忙しい人です。このため、短時間で的確に内容を伝えることが求められます。しかし、それをわきまえていない部下はダラダラと話をして、いつまでたっても話のポイントがわからないことがあります。

そのような時に、部下の話を遮って繰り出されるフレーズがこれです。このように言われると、部下はしどろもどろになってしまい、余計に話にまとまりがなくなってしまいます。上司としては、「俺に報告するなら、事前にきちんと考えてこい」と思っていて、暗に「出直してこい」と言っているわけです。

第三は、「それは、なじまない」です。これは、部下が上司に何かを提案したり、上司の選択を求めたりする時に用いられるフレーズです。例えば、主任が「市内の障害者団体から、私が趣味で活動している障害者スポーツについて講演してほしいとの依頼があったのです。行ってもよろしいでしょうか」と課長にお伺いを立てるようなケースです。このように講演で謝礼が出るような場合、公務員は兼業申請を提出して、許可を得ていくこととなります。

この時、課長が「こいつは、日頃の業務をきちんと行わないくせに、趣味の障害者スポーツの活動ばかりしている。とても行かせられない」と考えれば、このフレーズを用いるのです。つまり、はっきりとした理由は言えない、もしくは言いたくない場合に使うのです。実際のところ、何が「なじまない」のかは、よくわかりません。このケースであれば、「公務員として、なじまない」という意味合いかもしれませんが、厳密には意味不明です。

以上のように、部下に対しても反論する機会は結構あります。部下の業務の進め方に問題がある場合、こうした反論は理解できます。しかし、部下として厄介なのは、上司個人の趣味や個人的な思いで反論されることです。こうした時は、何とも嫌な思いが残ります。しかし、そんな思いを持っていた職員も、自分が上司になったら、それを使っているなんてこともあります。これは、一般のビジネスパーソンでも同様だと思うのですが。

おわりに

最後までお読みいただき、ありがとうございました。

一般のビジネスパーソンとは異なる、公務員に求められる特殊な技術や公務員社会の様子は、いかがだったでしょうか。「はじめに」でもお伝えしましたが、この本は「公務員の特殊な技術が、一般のビジネス社会でも活用できるのでは」と考えてまとめたものです。1つでも、参考になったものがあれば幸いです。

今回、一般のビジネスパーソン向けに、お役所仕事について文章化してみるにあたって、自分でも笑ってしまうことがありました。やはり、お役所が一種独特な社会であることを改めて痛感したからです。まるでお笑いのコントや、ドタバタ劇のワンシーンのように感じてしまったのは、私だけでしょうか。

また、公務員の様々な様子を知り、「意外に公務員も民間と変わらないんだなあ」と感じた方もいるかと思います。自分のところに火の粉が降りかかってくるのを避けるための努力や、納得できない業務をやらなければいけない苦労などは、官民問わず共通のことだと思います。もし、本書を読んで公務員に少しでも親近感が湧いたのであれば、ありがたいことです。

なお、公務員や議員の方がお読みになったら、「そう、それってあるある！」と思う一方で、あまりのリアルさに不快に感じられた方もいるかもしれません。しかし、決して公務員や議員を茶化すつもりはなく、皆さんが住民福祉の向上のため、日々精進されていることは十分理解しているつもりです。もし、表現に行き過ぎた部分がありましたら、その点はご容赦をいただければ幸いです。

最後に、皆さんに「本代は無駄ではなかった！」と思っていただけたと信じつつ、ペンを置きたいと思います。ありがとうございました。

お役所《やくしょ》仕事《しごと》が最強《さいきょう》の仕事術《しごとじゅつ》である

二〇二二年 四 月二五日 第 一 刷発行

著者 秋田《あきた》将人《まさと》

発行者 太田《おおた》克史《かつし》
編集担当 片倉直弥《かたくらなおや》
発行所 株式会社星海社
〒一一二-〇〇一三
東京都文京区音羽一-一七-一四 音羽YKビル四階
電話 〇三-六九〇二-一七三〇
FAX 〇三-六九〇二-一七三一
https://www.seikaisha.co.jp/
発売元 株式会社講談社
〒一一二-八〇〇一
東京都文京区音羽二-一二-二一
(販売) 〇三-五三九五-五八一七
(業務) 〇三-五三九五-三六一五
印刷所 凸版印刷株式会社
製本所 株式会社国宝社

アートディレクター 吉岡秀典《よしおかひでのり》(セプテンバーカウボーイ)
デザイナー 山田《やまだ》知子《ともこ》＋門倉直美《かどくらなおみ》(チコルズ)
フォントディレクター 紺野《こんの》慎一《しんいち》
校閲 鷗来堂《おうらいどう》

ISBN978-4-06-527755-3
Printed in Japan

217
SEIKAISHA SHINSHO

次世代による次世代のための

武器としての教養
星海社新書

星海社新書は、困難な時代にあっても前向きに自分の人生を切り開いていこうとする次世代の人間に向けて、ここに創刊いたします。本の力を思いきり信じて、みなさんと一緒に新しい時代の新しい価値観を創っていきたい。若い力で、世界を変えていきたいのです。

本には、その力があります。読者であるあなたが、そこから何かを読み取り、それを自らの血肉にすることができれば、一冊の本の存在によって、あなたの人生は一瞬にして変わってしまうでしょう。思考が変われば行動が変わり、行動が変われば生き方が変わります。著者をはじめ、本作りに関わる多くの人の想いがそのまま形となった、文化的遺伝子としての本には、大げさではなく、それだけの力が宿っていると思うのです。

沈下していく地盤の上で、他のみんなと一緒に身動きが取れないまま、大きな穴へと落ちていくのか？　それとも、重力に逆らって立ち上がり、前を向いて最前線で戦っていくことを選ぶのか？

星海社新書の目的は、戦うことを選んだ次世代の仲間たちに「武器としての教養」をくばることです。知的好奇心を満たすだけでなく、自らの力で未来を切り開いていくための〝武器〟としても使える知のかたちを、シリーズとしてまとめていきたいと思います。

2011年9月

星海社新書初代編集長　柿内芳文

SEIKAISHA
SHINSHO